Emmanuel de Calan

Le sel de nos vies

Les Éditions du Panthéon
12, rue Antoine Bourdelle 75015 Paris
Tél. 01 43 71 14 72
www.editions-pantheon.fr

Carry - Roscoff - Combat - Muco

un slogan/une bannière

Clin d'oeil à l'acronyme CRCM
Centre de Ressources et de Compétences
de la Mucoviscidose

À Quentin, Bastien, Ariane, Pauline, Lola, Claire,
Nonotte, Germain, Jocelin, Manon & Louise,
Guillaume & Julien, Sacha, Alex, Pascal, Paul,
Samuel, Joachim, Athénais & Melchior.

Préface

Certains hommes ou femmes sont faits d'un bois spécial. D'un bois dont on sait qu'il sera capable d'être la charpente d'une famille, d'un groupe ou d'un idéal. Emmanuel fait partie de cette catégorie si spéciale, si bien que les premiers mots échangés avec lui révèlent tout de suite l'essence merveilleuse de ce bois.

J'ai connu Emmanuel après le défi narré dans ces pages. Celui de rejoindre le Centre de Ressources et de Compétences de la Mucorkambioviscidose* de Roscoff dans le Finistère à partir de Carry-le-Rouet dans les Bouches du Rhône. Je le suivais d'un œil attentif au travers des réseaux sociaux, aidé par le discours de plusieurs de mes amis mucos dont Germain. Ce dernier dont je suis très proche possède un don. Celui de dégager une excitation particulière lorsqu'un évènement le touche particulièrement. Il a le flair quand il y a quelque chose de spécial.

La première entrevue fut par écran interposé lors d'une réunion locale de *Vaincre la Mucoviscidose*. Nous étions en pleine pandémie de Covid où la prévention et la protection sont les deux composantes de la défense des mucos contre ce virus.

La première vraie rencontre fut à Carry-le-Rouet où Emmanuel m'avait proposé de le rejoindre avec ses amis, sa famille et d'autres bénévoles de l'association

* Ça c'est de la belle coquille !

à son action « tous à l'eau ». Il s'agissait ici de marquer son soutien dans le combat contre la mucoviscidose en prenant un bain de mer. Le contact fut si simple porté par sa générosité solaire. Je n'oublie pas la bonne bière fraîche sous l'appentis. Puis sans réellement l'évoquer avec son épouse ou lui, j'observais curieux ses deux enfants Samuel et Joachim atteints par la mucoviscidose. Mon regard était celui du « presque grand-frère » lui aussi touché et attentif aux moindres signes de la maladie sur eux. Je ne voyais finalement que des petiots alimentés par l'insouciance de leur âge et d'une énergie illimitée. Quelle joie de voir cela !

Depuis en plus de ces moments de camaraderie, j'ai le plaisir de côtoyer Emmanuel plus fortement au travers de son engagement associatif.

Aimant la cohérence avec la construction de son aventure, c'est 3 pans de moi-même qui regardent Emmanuel avec des prismes différents. Le patient atteint de mucoviscidose, le président de l'association *Vaincre la Mucoviscidose* et enfin l'ami.

Pour le patient muco, l'intérêt et la curiosité d'Emmanuel en tant que jeune parent de connaître la mucoviscidose dans toutes ses composantes et son histoire sont salutaires pour nous les « vieux mucos ». Cette volonté de comprendre notre vécu, ce quotidien si particulier, parfois terrible. La vie d'un patient adulte bien évidemment diffère de celle de l'enfant où toute une partie de l'impact de la maladie repose sur les parents. Dès que nous quittons le nid, nos parents vivent toujours la mucoviscidose de leurs enfants mais cette fois d'une autre manière.

Pour le président de *Vaincre la Mucoviscidose*, avoir

Emmanuel à ses côtés est une véritable satisfaction. Il est la représentation du bénévole engagé telle que tout président d'association souhaiterait avoir avec lui. Ce mélange subtil d'optimisme raisonné, cette capacité à entrainer les adhérents et bénévoles de la délégation de Provence-Alpes dans sa vision de l'associatif et du collectif. Ces compétences professionnelles qu'il met à disposition d'un idéal. Je lui envierais presque l'effervescence de ses idées. Pour un premier engagement fort dans l'organisation de la délégation, la délégation Provence est la troisième de France en nombre d'adhérents. Sacré défi une nouvelle fois ! Elle côtoie la méditerranée bordant Marseille et les Alpes entourant Gap.

Pour l'ami, être sollicité pour écrire ta préface est un véritable honneur. Emmanuel au travers de ce livre, je me suis retrouvé. J'ai été ému de tes moments de solitude sur l'asphalte où tu pensais aux tiens. J'ai été fier de ressentir l'accomplissement de ton exploit. Tu as aussi attisé ma curiosité envers les lieux remarquables rencontrés dans ton périple. C'est une très bonne idée d'avoir coupé tes étapes par la présentation de ces sites qui font notre patrimoine.

Chers lecteurs, parcourir ce livre vous permettra d'apprendre beaucoup de choses, sur la mucoviscidose d'hier et d'aujourd'hui. J'aurais pu vous présenter la maladie, ses conséquences, ses traitements... Mais ce ne serait que redite par rapport à la qualité des explications données dans ces pages. C'est aussi le récit d'une aventure humaine, de l'émergence d'une idée, de la préparation à ce défi. Et enfin sa réalisation qui ne doit rien au hasard.

Mais c'est surtout l'occasion pour chacun d'entre nous de se questionner. Si des femmes et des hommes comme Emmanuel sont capables de passer un cap intérieur pour réaliser cet exploit. Pourquoi cette volonté n'arriverait-elle à faire écho chez nous ? Ce serait une nouvelle occasion de créer encore plus de liens ! L'intérêt pour son prochain ! Ce qui constitue le sel de nos vies…

Bonne lecture.

David FIANT
Malade atteint de mucoviscidose,
Président de *Vaincre la Mucoviscidose*
et surtout ami !

ROSCOFF
Morlaix
St Jean
Brévelay
Redon
NANTES
Dompierre sur Yon
Marrans
Royan
Soulac
BORDEAUX
Creon
Castets
Barbaste
Moissac
TOULOUSE
Montesquieu
Lauragais
Villeneuve
en Minervois
Béziers
St André de
Sangonis
MONTPELLIER
Ste Marie
de la Mer
CARRY-LE-ROUET

Préambule

Ce livre est placé sous l'égide du chiffre **trois** !

Il aborde en effet trois sujets, chacun étant lui-même divisible par trois !

1) **Un récit de voyage**, un périple de trois semaines à bicyclette de Carry-Le-Rouet près de Marseille à Roscoff en Finistère (avec en prime de belles découvertes en chemin).

2) **Un recueil de témoignages** et de rencontres avec des personnes concernées par la mucoviscidose avec trois regards, trois points de vue : les malades, leurs parents / leurs proches, les soignants.

3) **Une information médicale** succincte (rubrique À SAVOIR) sur la mucoviscidose, une maladie qui touche plus de 7500 personnes en France en distinguant trois temps : le passé et la découverte de la maladie, aujourd'hui et l'état de la recherche, l'avenir et l'espoir de nouveaux traitements.

Mais rassurez-vous ! À la fin tout devient plus simple, comme le Père, le Fils et l'Esprit ne font qu'Un (!), ce livre a un seul objectif : transmettre un message d'espoir pour combattre la mucoviscidose.

VAINCRE LA
MUCOVISCIDOSE

Chapitre I

Tout commence par la fin

11 juillet
Morlaix - Roscoff

Le vent caresse nos oreilles et le soleil se reflète dans les courants de la rivière de Morlaix ! C'est absolument magique.

Nous sommes tous réunis ce matin du 11 juillet autour d'un café à *Grain de Sail*, une entreprise bretonne qui produit du chocolat et du café « éthiques ». Bien ancrée sur l'écluse de Morlaix, la société fait appel à des personnes en situation de handicap pour conditionner ses tablettes de chocolat. Les frères Barreau, à la tête de l'entreprise, ont lancé le projet fou d'un voilier qui traverserait l'Océan pour aller vendre de bons produits français de l'autre côté de la « Grande Flaque » et acheter en retour la marchandise nécessaire à la confection de leurs gourmandises ! Impact zéro carbone pour notre chère Terre et impact social 100 % !

Après quelques échanges de messages sur les réseaux sociaux, Jacques Barreau, l'un des jumeaux, a accepté ma demande de nous offrir le café en ce matin du 11 juillet. Nous ne nous connaissions pas. Voilà un des nombreux exemples de ce SEL DE LA VIE que j'ai eu l'occasion d'apprécier depuis mars. « Nous ne sommes pas seuls ».

La France regorge de « belles personnes », de femmes et d'hommes prêts à soutenir et encourager des projets solidaires ! Cheveux et barbe grisonnants, Jacques a une classe naturelle et un charisme bienveillant. Il sert des cafés et du chocolat à toute cette clique de cyclistes qu'il n'a jamais vus. Mais pour qui il a accepté de faire la route ce matin de St Brieux à Morlaix pour nous ouvrir sa porte. Jeunes et plus anciens, en short ou en pantalon de velours, nous formons une joyeuse bande papotant et riant malgré la fraicheur bretonne, teintée de la fameuse « brume de beau temps » censée annoncer un soleil de plomb !

Quelques minutes plus tard, nous sommes une cinquantaine à longer la rivière de Morlaix en direction de Saint Pol de Léon puis Roscoff. Pour moi le terme de 1 500km de voyage à travers la France à bicyclette... Sur ma « Mule » comme je l'ai baptisée en souvenir moitié de Stevenson moitié de Sancho Pança.

Aujourd'hui en écrivant ces lignes, je suis toujours aussi ému. Je m'attendais bien entendu à retrouver quelques accompagnateurs fidèles pour ces derniers kilomètres. La composition de cette bande devait être majoritairement familiale car « nous étions sur nos terres ». Alors retrouver certains visages que je n'avais pas vus depuis longtemps, des personnes que je n'avais pas croisées « depuis des lustres », tout cela m'a vraiment bouleversé. Et cerise sur le gâteau, je peux rouler avec ma femme et mes enfants à mes côtés. La télé nous filme. Tout est parfait pour une arrivée en beauté. Et elle le sera, au CRCM de Roscoff, avec toute l'équipe médicale, l'association *Vaincre La Mucoviscidose* (VLM), la famille au complet, des patients, des personnalités locales, des élus... Un apéro est organisé et après quelques mots d'accueil, j'improvise un discours. Je l'avais préparé plusieurs fois dans ma tête, mais au moment de prendre la parole devant tous, c'est une autre paire de manches !

Je termine cette magnifique matinée par une interview avec la télé régionale, au bout de la presqu'île de Perharidy, un petit paradis en face de l'île de Batz. Les journalistes s'éloignent, je reste un instant seul à regarder la mer... J'esquisse un premier bilan de mon aventure: mes découvertes, mes interrogations, mes inquiétudes, mes espoirs. Puis je reprends ma mule pour retrouver tous ceux et celles qui sont chers à mon coeur.

Est-ce une fin ou un nouveau départ ? Après des mois de préparation, des semaines sur la route, des jours et des nuits à parler « muco », les difficultés s'estompent, les peurs s'éloignent, les nuages disparaissent... je nage dans le bonheur. Comme dit la chanson : « la vie ne vaut rien mais rien ne vaut la vie ».

Chapitre II

Une drôle d'idée

Je m'appelle Emmanuel, je suis le mari de Sarah et nous sommes les parents de quatre enfants. Deux de nos « zazas » sont atteints de la mucoviscidose. En 2020, ils avaient 10 et 2 ans. Le projet de traverser la France en reliant Carry-le-Rouet à côté de Marseille où j'habite, à Roscoff en Bretagne d'où je suis originaire, a été l'objet d'une longue maturation.

En février 2020, je n'étais jamais resté les fesses sur un vélo plus de 20 kilomètres d'affilée. Le 11 juillet de la même année, je serai assez fier d'avoir roulé plus de 1500 kilomètres !

1500 kilomètres qui correspondent aussi à trois semaines de rencontres et d'échanges avec pour toile de fond la mucoviscidose.

L'objectif de mon périple était très simple :

#1 Rentrer en contact avec des familles touchées par la maladie,

#2 Visiter différents CRCM[1] sur la route,

#3 Communiquer auprès du grand public

Tout cela pour accroître la circulation de l'information sur les différents réseaux sociaux, diffuser un message

1 CRCM Centre de Ressources et de Compétences de la Mucoviscidose

d'espoir et de combat et collecter des fonds pour poursuivre la recherche, en résonance avec les *Virades de l'espoir*.

Dans certains moments de morosité ou au contraire d'excitation, je pensais depuis longtemps à « me » prouver quelque chose. Je souhaitais montrer à mes enfants combien je les aime et rendre fière ma femme en relevant un défi ! Et pourtant, je savais bien au fond de moi que dans la pratique ce serait difficile. En effet il me faudrait dégager plusieurs semaines de temps libre quand j'étais déjà peu présent pour m'occuper de la « marmaille ». Sarah étant la « généralissime » du quotidien, assurant à merveille l'organisation de la maison malgré un travail en parallèle, voyait d'un œil étonné et même sceptique mon idée d'utiliser mes vacances pour un projet en relation avec la mucoviscidose. Et il a fallu une coupure professionnelle, non prévue initialement, une épreuve (le chômage), pour « saisir l'opportunité » et tourner en chance ce qui pouvait sembler malheureux ! Transformer en SEL de LA VIE un caillou dans la chaussure !

En quelques semaines, je décide avec Sarah de mettre en place un projet sportif, qui soit aussi une action solidaire de tous ceux qui mènent le combat contre la mucoviscidose. Ensemble, nous souhaitions que ce projet soit plus qu'une aventure familiale. Ce devait être un défi qui nous porterait plus loin que nos petites personnes, notre cocon nucléaire !

C'est le jour d'un rendez-vous au CRCM de la Timone, à Marseille, que nous avons pris une décision définitive sur la nature du projet ! Lors de ce rendez-vous, pour lequel notre fil Samuel passait de nouveau le test de la sueur, dans le cadre du protocole de suivi du traitement Orkambi®, nous patientons aux côtés d'un jeune couple avec leur bébé. Nous sentons clairement ce qui se joue entre ces 3 êtres, qui forment un triangle d'amour dans la salle d'attente de l'hôpital. Nous nous revoyons 10 ans en arrière, au même instant - et dans les même circonstances - lorsque nous apprenions la maladie de notre enfant.

Ce jour-là, comment réagir ? Devons-nous proposer à ce jeune couple de parler ? Pouvons-nous interférer dans ce moment si particulier de l'annonce de la maladie ? Sont-ils déjà au courant ou attendent-ils les résultats ? En quoi nous, parfaits inconnus pour eux, pourrions-nous nous permettre de les interpeller ? Et que leur dirions-nous ? En fait, nous avons gardé le silence...

Ce livre est en quelque sorte la concrétisation de ce que nous aurions pu ou dû leur dire...

Témoignage

Sarah et Emmanuel

L'ANNONCE - « Vous formez un couple sans « histoire » et soudain un coup de massue vous fait renoncer à une vie qui semblait toute tracée » Nous étions jeunes, insouciants et sans aucun problème ou alors ce qu'on appelle des problèmes de riches. Oui mais la maladie ne connait ni le portefeuille, ni l'histoire de ceux qu'elle touche. Quand notre 2ème enfant nait et que, 1 mois

après son arrivée, l'hôpital Necker à Paris nous appelle pour nous indiquer que le test de Guthrie met en évidence une suspicion de mucoviscidose pour notre bébé, la Terre se met à trembler et le Ciel nous tombe sur la tête. Nous passons la soirée et la nuit à pleurer... à espérer puis à nous persuader que c'est un mauvais rêve. Et oui, pourquoi cela nous arriverait-il ? Il n'y a aucune raison, aucun cas dans la famille. Et puis c'est quoi en réalité cette mucoviscidose ? Nous nous précipitons sur internet mais choisissons rapidement de tout couper pour ne plus y penser. Demain, l'hôpital va se rendre compte de son erreur !
L'arrivée à Necker avec notre bébé dans les bras est déjà triste. A Paris de toute façon, le ciel est toujours gris ! A l'hôpital, il y a beaucoup d'enfants bien entendu, et surtout beaucoup d'enfants allongés le crâne rasé, maigres, en chaise roulante, ... L'ambiance met tout de suite « en condition ». Nous rencontrons un médecin et un psychologue qui nous expliquent ce qu'il va se passer : « test de la sueur » (c'est quoi ?), puis debrief, échange et vous repartez. Tout cela semble bien facile. Le test de la sueur nous met dans le bain. Pour le faire transpirer, notre enfant est emmailloté dans du cellophane, comme un petit cochon prêt à griller. L'infirmier « récolte » la sueur et l'analyse. Le taux de sel dans la sueur, schématiquement, permettra de conclure si l'enfant est atteint ou non. Malheureusement le

test ne marche qu'au bout de la deuxième tentative et notre petit homme a donc passé un temps fou dans son cello à hurler de chaud. L'attente commence, 5 minutes deviennent 100 ans. Nous attendrons 45 minutes...
Nous essayons de garder notre calme et ne rien laisser paraître. Enfin le médecin arrive, elle nous invite à la suivre dans son bureau. La phrase assassine tombe lorsqu'elle propose au psy de nous accompagner. En un éclair, nous comprenons pourquoi la psy doit être avec nous... Et le temps se fige !
Nous passerons l'heure suivante à cheval entre deux mondes, écoutant d'une oreille les explications du médecin, surplombant un abime de doutes, de peur et d'angoisse tout en plongeant nos yeux dans ceux de notre enfant. Tu es tellement beau que tu ne peux pas être malade ! Nous ne retiendrons presque rien de cette heure dans ce bureau froid, triste, et vide de sens. C'est plus tard, des mois voire des années après, que certains mots, certaines phrases reviendront. Nos interlocuteurs ont très bien fait leur travail, il n'y a à rien à leur reprocher. Mais des parents à qui on annonce une telle nouvelle ne sont tout simplement pas en état d'entendre quoi que ce soit. Les mots ne sont qu'abstraction, qu'un flot de paroles incompréhensibles. La seule phrase que je retiens alors est « ne focalisez pas votre vie toute entière autour de la maladie, vivez en vous adaptant mais

ne changez pas uniquement à cause de la mucoviscidose. Vivez ! »
Que veut dire le médecin ? Pourquoi devrions-nous changer ? De quoi parle-t-elle ? Nous quittons le bureau, marchons dans la cour de l'hôpital vers la bouche de métro. Nous appelons nos parents respectifs et à la seule intonation de leur « Allô » plein d'attente et d'angoisse, chacun de nous s'effondre et inonde le sol d'un flot de larmes. Nous nous prenons dans les bras bien sûr, nous embrassons notre bébé qui s'est endormi serré contre moi dans une écharpe. Dans le métro, nous nous étonnons des regards froids de nos voisins, qui n'ont, nous le pensons égoïstement, aucune raison d'être tristes. Pourquoi ne rient-ils pas, ne hurlent-ils pas de joie d'être en bonne santé ? Nous retrouvons notre appartement et des cousins venus garder notre aîné. Un seul regard et ils comprennent qu'il faut s'en aller, discrètement, sans poser de questions.
Nous voilà seuls…
LA GUERRE EST DECLAREE !

À SAVOIR

// LA MUCOVISCIDOSE

La mucoviscidose est une maladie rare et génétique qui touche principalement les voies respiratoires et le système digestif. Tous les 3 jours, un enfant naît atteint de mucoviscidose et 2 millions de Français sont porteurs sains du gène responsable et peuvent le transmettre sans le savoir à leurs enfants. La mucoviscidose est la plus fréquente des maladies génétiques héréditaires.

MUCOVISCIDOSE

Etymologie : Mucus + Viscosité

Le corps de chacun d'entre nous produit normalement du mucus. Cette sécrétion est produite par les cellules de revêtement des organes creux comme les bronches, le tube digestif, les canaux du pancréas ou les canaux biliaires du foie. C'est l'altération de la protéine CFTR (Cystic Fibrosis Transmembrane Regulator) découverte en 1989, chargée d'assurer la fluidité de ce mucus, qui est à l'origine de la maladie. Dans ce cas, le mucus est anormalement épais, collant et cela provoque une augmentation de sa viscosité. Ce manque de fluidité va entraîner l'obstruction des canaux au niveau des organes concernés et une accumulation dans les voies respiratoires et digestives. Ainsi les bronches peuvent s'encombrer et s'infecter provoquant toux et expectorations. Les voies et canaux digestifs (intestin, pancréas, foie) peuvent également être obstrués, provoquant des troubles digestifs et hépatiques.

Au début du XXème siècle, la mucoviscidose ne laissait pas aux malades la possibilité de passer l'âge de 10 ans. On l'appelait la maladie du « baiser salé ».

La prise en charge des patients évolue de jour en jour et a sans doute franchi un cap en 2020.

Les mucos sont des caméléons qui s'adaptent en permanence pour vivre sans être remarqués ou pointés du doigt. Comme le héros de « Bienvenue à Gattaca », ils usent de subterfuges, d'heures et d'heures d'effort pour se soigner dans la discrétion et presque en secret. L'objectif n'est pas de briller, d'être le meilleur, mais de respirer, comme tout le monde, de vivre tout simplement. Dans le contexte de pandémie de Covid, alors que nous vivons tous « sous cloche », alourdis par des contraintes qui semblent limiter nos libertés, les mucos, ont peut-être eu l'impression qu'enfin les autres les comprenaient.

Et comme parfois des images ou des films en disent encore plus long qu'un texte, voici une vidéo très bien réalisée et très simple. A l'heure de l'internet partout, vous y accéderez en scannant :

// L'ESPÉRANCE DE VIE

Aujourd'hui, l'espérance de vie des muco est de 35-40 ans en moyenne.

Certes, elle est passée de 20 à 40 en 20 ans, mais elle reste à ce niveau. James Dean ou la petite Thérèse de Lisieux vous dirait qu'une vie brève peut être tout à fait bien remplie et même exceptionnelle. Ce n'est pas faux. Mais entre nous qui le souhaiterait pour lui-même et plus encore pour ses enfants ?

L'espérance de vie est un sujet délicat à aborder aujourd'hui car il a plusieurs variables. Notamment l'année de naissance de l'enfant qui induit le niveau des traitements à cette époque. Ainsi l'espérance de vie d'un muco des 1980 est différente de celle d'un muco 2020.

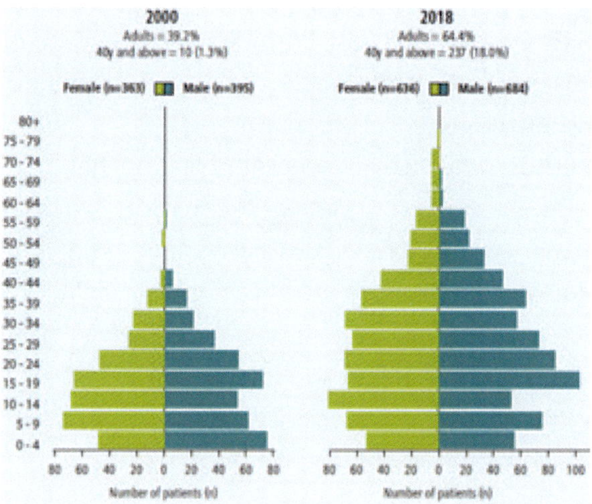

// LES MALADIES RARES

Comme son nom l'indique, une maladie rare touche un nombre limité de personnes, ce qui rend nécessaire une organisation adaptée de la prise en charge. En France, elles représentent un enjeu majeur de santé publique car les 7 000 maladies rares identifiées à ce jour atteignent plus de 3 millions de personnes soit 4,5 % de la population. Elles concernent dans la moitié des cas des enfants de moins de 5 ans et sont responsables de 10 % des décès avant cet âge-là.

80 % des maladies rares sont d'origine génétique. Le plus souvent, elles sont sévères, chroniques, d'évolution progressive et affectent considérablement la qualité de vie des personnes malades. Elles entrainent un déficit moteur, sensoriel ou intellectuel dans 50 % des cas et une perte totale d'autonomie dans 9 % des cas.

On emploie le terme de « maladie orpheline » pour désigner une pathologie rare ne bénéficiant pas d'un traitement efficace.

On aborde souvent les personnes atteintes de maladies rares avec des pincettes, des gros yeux et surtout une incompréhension complète ! Une maladie rare trouve des expressions très différentes d'un patient à l'autre. Il est donc difficile pour les « païens » de comprendre de quoi il s'agit et comment aborder l'interlocuteur. Le travail de pédagogie est le premier et il est crucial pour tout novice.

// TEST DE GUTHRIE

Depuis 1978, les bébés qui naissent chaque année en France peuvent bénéficier du fameux test de Guthrie. Réalisé par une petite piqûre au talon (par incision ou parfois par prélèvement veineux) le 3ème jour de vie, il permet de recueillir des gouttes de sang. Celles-ci sont déposées sur un papier buvard et envoyées en laboratoire d'analyses pour détecter 5 maladies rares : la phénylcétonurie, l'hypothyroïdie congénitale, l'hyperplasie congénitale des surrénales, la drépanocytose, la mucoviscidose. Grâce à ce test, ces maladies sont prises en charge très tôt et cela permet la mise en place d'un traitement dès les premières semaines.

Concernant la mucoviscidose, pour laquelle chaque souffle en plus compte, le gain de temps est incroyable et a permis d'augmenter l'espérance de vie des patients pris en charge plus rapidement. C'est grâce au travail de l'association *Vaincre la Mucoviscidose* en particulier que la mucoviscidose fait partie des maladies « testées » à la naissance.

// LE GENE CFTR

Le gène CFTR à l'origine de la mucoviscidose a été découvert il y a tout juste 30 ans. C'est en réalité une mutation du gène CFTR pour *Cystic Fibrosis Transmembrane Conductance Regulator* qui est responsable de la mucoviscidose. Grâce à la découverte de ce gène en 1989, des avancées importantes ont pu être faites dans le domaine de la recherche, des soins et de la qualité de vie. Un espoir en l'avenir pour les patient(e)s et leurs proches dans la lutte contre la maladie.

La protéine CFTR est une protéine présente dans la membrane des cellules de différentes muqueuses : respiratoire, digestive... Elle fonctionne comme un canal qui permet l'échange d'ions chlorures entre l'intérieur et l'extérieur de la cellule. Lorsque son gène est muté, le canal dysfonctionne. Par le biais de différentes cascades biologiques, il en résulte notamment une diminution de l'eau excrétée au niveau des muqueuses et, en conséquence, une inflammation et un épaississement du mucus qui le recouvre. Ce phénomène entraîne l'apparition des symptômes habituels de la mucoviscidose. Le gène CFTR peut être porteur de nombreuses mutations : près de 2 000 altérations différentes du gène ont d'ores et déjà été identifiées. Parmi elles, la mutation Delta F508 est la plus fréquente : elle est présente chez 70 % des malades sous forme hétérozygote (une seule copie), et chez 50 % d'entre eux sous forme homozygote (deux copies). Les différentes mutations identifiées engendrent des dysfonctionnements dont la sévérité est variable. Ainsi, la mucoviscidose est une maladie dont l'expression est plus ou moins sévère selon la nature des mutations génétiques portées par le patient.

La mutation Delta F508, expose à une forme relativement sévère de mucoviscidose. Par ailleurs, il est aujourd'hui démontré que des gènes modificateurs, codant pour des protéines sans rapport direct avec le canal CFTR, peuvent aussi influencer l'expression de la maladie. Plusieurs d'entre eux ont été identifiés. Ils peuvent expliquer pourquoi deux patients ayant le même profil génotypique ne présentent pas la même expression phénotypique de la maladie.

// CRCM

CARRY ROSCOFF COMBAT MUCO, nous sommes d'accord, mais surtout ...

Centre de Ressources et de Compétences de la Mucoviscidose. 45 centres permettant de couvrir l'ensemble de la métropole et la Réunion. Créés en 2002 et situés en milieu hospitalier, les CRCM ont pour mission de confirmer et d'expliquer le diagnostic pour les nouveaux dépistés de la mucoviscidose, de définir la stratégie thérapeutique, de coordonner les soins des patients, de travailler sur la recherche et de mettre en place une démarche d'évaluation. Le CRCM est la deuxième maison des patients atteints de mucoviscidose ! Avec des rendez-vous réguliers, au moins une fois par trimestre, les mucos y connaissent tout le monde ! Du secrétariat au kiné, en passant par la psy et le pneumo, le médecin, les infirmières, etc. C'est toute une équipe multidisciplinaire qui fait vivre le CRCM au service des patients et de leur famille !

Depuis leur création, les CRCM ont beaucoup évolué ! Ils sont passés de « source de réponses et de soins » à « leader d'une équipe de combat au service de la victoire » ! Quand il y a 30 ans nous subissions de plein fouet 100 % des attaques de la mucoviscidose sans savoir comment riposter de manière pérenne, les CRCM se sont aperçus que le combat ne pouvait se mener qu'en formant une véritable équipe entre patients, parents, soignants. Ensemble, on est plus fort ! Et c'est en s'adaptant au mode de vie de chaque patient/famille que les soignants peuvent mieux comprendre l'environnement du patient et affiner ainsi son traitement.

// LES VIRADES DE L'ESPOIR

Depuis plus de 30 ans, les *Virades de l'espoir*, événement national festif et solidaire, donnent à *Vaincre la Mucoviscidose* les moyens de poursuivre son combat contre la maladie, à savoir accélérer la recherche aujourd'hui pour guérir demain. ACCÉLÉRER LA RECHERCHE car bien sûr les patients sont désireux de vivre des lendemains meilleurs !

Maladie invisible mais bien présente, la mucoviscidose n'est pas encore vaincue. Des premières victoires ont été enregistrées : découverte du gène, dépistage néonatal, premiers traitements. Mais si l'on vit plus longtemps avec la maladie, le poids de celle-ci est encore lourd (2 à 6 heures de soins par jour, risques infectieux, incertitude face à l'avenir).

GUÉRIR DEMAIN. Pour les patients et leur famille, la recherche médicale est la clé pour croire en l'avenir. Après plusieurs décennies de travaux, l'arrivée de la nouvelle trithérapie change la donne pour de nombreux patients atteint de la mutation DeltaF508. Mais les autres ? Le temps de la recherche est plus long que celui du patient. La collecte des *Virades de l'espoir* sert à prolonger des vies et à gagner du temps.

Partout en France ce ne sont pas moins de 300 virades qui sont organisées par des bénévoles. Une logistique, des collectes, des thématiques chaque fois différentes dans un seul but = réunir, collecter des fonds, sensibiliser ! Certaines virades spécialisées dans le festif, d'autres dans le sportif, toutes ont à leur tête des femmes et des hommes, des familles qui ont trouvé dans l'organisation de cet événement un moyen de combattre, d'être dans l'action !

VLM

Chapitre III

La préparation

On ne s'improvise pas cycliste, et on ne s'improvise pas plus responsable communication ! En lisant des récits d'aventures extraordinaires ou en regardant des émissions à sensations, on a souvent l'impression que les protagonistes sont des supers héros! Un tel a réalisé un marathon du jour au lendemain, l'autre a monté sa start up dans l'humanitaire en six mois ! Comme si du jour où ils ont eu « l'idée », elle s'est réalisée et concrétisée en un claquement de doigts.

Non, un claquement de doigts ou un clin d'oeil ne suffisent pas et de nombreux mois ou des années de préparation sont souvent nécessaires pour monter un projet sérieux. Je me suis donc promis d'expliquer cette préparation pour que demain vous puissiez partir à votre tour (à pied, à bicyclette ou à cheval...) et parcourir des milliers de kilomètres la fleur au fusil sans vous effondrer au bout de trois jours !

Partons de la fin, c'est-à-dire ce livre. A l'heure où je tape sur mon clavier, déjà un an et 4 mois que mon périple est achevé. On ne s'improvise pas écrivain. Il m'a fallu plusieurs mois pour retranscrire chaque témoignage des personnes rencontrées, puis d'autres mois encore pour écrire le récit de mon « voyage », « comment » le raconter, pour quel public, quelle cible ? Comment le rendre vivant, donner l'envie ?

Remontons encore plus loin dans le temps. L'idée d'un projet vélo germait dans ma tête depuis plusieurs années mais elle s'est mise en forme en 6 mois : le projet a été imaginé et «écrit» en décembre-janvier 2020. Entre février et mars j'ai travaillé « la communication » car je souhaitais pouvoir rendre public l'événement pour qu'il ait une portée plus large que mon premier cercle. Créer du « contenu » en communication, écrire un « dossier de presse », contacter radio, télé, journaux, PQR (presse quotidienne régionale)... Parallèlement, l'idée d'échange s'est précisée avec le souhait de loger dans des « familles muco » et de rencontrer les CRCM. J'ai choisi de me rapprocher de l'association *Vaincre la Mucoviscidose* et contacté les 10 délégations que je croiserai par la suite pendant mon périple. Enfin, et ce n'est pas la moindre des questions, choisir le bon parcours ! *Google map* c'est bien mais le trajet est-il praticable à vélo ? Les distances prennent-elles en compte le dénivelé, l'état de la route, les données géographiques, la météo... « Last but not least », ma condition physique est-elle optimale ? Il faut la tête mais aussi les jambes.

Bref, avant d'être visible, un projet s'imagine, se prépare, se construit... Et c'est cette partie immergée de l'iceberg que je vous propose maintenant de découvrir !

A/ Une règle d'or pour un projet : « le What/Why /How ? »

(en bon français Quoi / Pourquoi / Comment ?)

C'est bien d'avoir un projet mais quelle est sa particularité ? Quel est son intérêt ? N'y a-t-il pas déjà eu 1000 projets identiques ?

Le WHAT-WHY-HOW (cf Simon SINEK) permet de dégager la substantifique moelle d'un projet. Il faut pouvoir le décrire en moins d'une minute, « ce qui se conçoit bien s'énonce clairement ». C'est grâce à une amie que je découvrais la formule magique et apportais mes réponses.

Le WHAT : mettre en lumière la relation parent-praticien-enfant dans la lutte contre la mucoviscidose.

Le WHY : pour améliorer la communication entre eux et donc le bien-être de tous.

Le HOW : Via un parcours à vélo en logeant chez des familles concernées par la maladie, en rencontrant les équipes médicales dans les CRCM et en posant à tous les mêmes questions ! Comment expliquer la muco ? Comment préparer les rendez-vous CRCM ? Que dire à un nouvel interlocuteur muco ?

J'ai passé plusieurs jours à transcrire ce WWH pour qu'il tienne sur une seule page. Puis je me suis filmé et enregistré, en minutant pour être sûr de tenir en moins de 1 minute. Au bout de 3 semaines, j'étais prêt à le présenter !

B/ La communication l'art et la manière

J'ai le projet et je sais le présenter en moins d'une minute. Et maintenant ? L'art et la manière de communiquer interviennent. Il faut adapter son discours en fonction du canal et de la cible !

Sensibiliser à « une cause » quelle qu'elle soit, nécessite aujourd'hui une communication à 360°. Il apparait nécessaire de toucher tous les publics, via tous les réseaux.

La PQR et la radio pour les locaux et les plus de 50 ans, Facebook pour les familles et les plus 40 ans, Instagram pour les moins de 35 ans.

Il faut travailler des posts, des lives, des vidéos. Il faut réfléchir à des relais pour élargir le cercle : radios locales, puis régionales, puis nationales, TV si possible.

Tout cela prend énormément de temps. J'ai découvert aussi le plaisir (!) de répéter inlassablement le même discours à plusieurs médias différents ! J'ai découvert les heures les plus propices pour les posts *Insta* ou *Facebook*, comment utiliser les *hashtags* et taguer les bons interlocuteurs. J'ai appris une partie des ficelles de ce métier de communicant que je considérais, honnêtement, comme peu sérieux. Il s'agit en fait d'un vrai métier et on ne s'improvise pas aussi facilement que cela star de la communication. Reconnaissons-le : grâce à ma femme graphiste, ce travail a été largement facilité.

Enfin, la communication grand public c'est une chose, mais la finance - les sous ! - compte encore plus. J'ai donc également cherché à trouver des sponsors.

Insta, Facebook, presse, radios, internet, *Linkedin* et le reseau ont été mis à contribution. Et là encore, en osant, en postant, en expliquant mon projet, des sponsors sont arrivés. Des entreprises de toutes tailles et des associations, comme le Rotary, ont accepté de soutenir mon projet, avec des dons financiers, des dons en nature, un accompagnement sur le terrain ou tout simplement un partage de contacts. Je lançais une page de *cross funding* en rappelant mes objectifs : sensibiliser le grand public à la maladie, contribuer aux progrès de la recherche et de la qualité des soins pour les patients. Les fonds seraient reversés à l'association *Vaincre la mucoviscidose*. Notre *punch line* était de récolter 10 € du kilomètre soit 15 000 € ! Après 5 jours nous dépassions déjà les 8 000 €. Et nous allions franchir à la fin du parcours la barre des 50 000 € !

C/ Le travail en équipe

La première équipe, le noyau, c'est évidemment la famille. Il faut embarquer tous les siens. C'est sans doute ce qui aura été le plus complexe. Vivre la muco au quotidien est une chose, en ajouter une couche en en parlant en permanence, en se mettant en scène (avec son conjoint le plus souvent), en plaçant ses propres enfants sous la lumière des projecteurs, restera l'expérience la plus difficile. Ma femme et mes enfants ont été vraiment les premiers leaders de l'équipe. Il a fallu trouver des stratagèmes pour jouer notre rôle sans forcément ne parler que muco. Alors je me suis déguisé pour mes enfants en coach sportif, animateur télé ou professeur de médecine. J'embarquais les enfants et je me rendais compte rapidement que leur sensibilité, leur humour et leurs jolies têtes « touchaient » beaucoup plus de monde que mes *posts* sur les réseaux !

La seconde équipe fut très naturellement l'association *Vaincre la Mucoviscidose* tant au niveau national que régional. Nous avions des appels et rendez-vous au moins deux fois par semaine : explication du projet, mise en relation avec les délégations locales, communication, photos, live *Facebook*, communiqués de presse, page de collecte. Tous les membres de l'association ont été d'une aide précieuse.

D/ L'entrainement sportif

Rentrons dans le dur : ce qui pouvait sembler le plus simple et qui s'avéra le plus douloureux ! Le vélo ! Au moment d'appuyer sur le bouton « start », le confinement lié à la pandémie de covid tombe et les magasins sont fermés. Première complication, je ne peux pas acheter le vélo de mes rêves et ne sais absolument pas quand je pourrai m'entrainer pour de vrai ! Je récupère donc un vieux vélo qu'un voisin m'a donné il y a quelques années et je commence mon entrainement. Mais souvenez-vous du confinement : nous ne pouvions sortir qu'à 500 mètres autour de chez nous. Alors a commencé un entrainement *ad hoc*. J'en profitais pour travailler les maths avec les enfants.

Si le tour du pâté de maison fait 200 mètres, combien de tours dois-je effectuer pour m'entrainer sur 10 km ? Sur 30 km ? Par ailleurs, si je fais le tour du pâté en 6 minutes, en combien de temps vais je parcourir les 30 km ? Sachant que j'avais 20 ans en 2002, quel est l'âge du cycliste ?

Je m'entrainais physiquement, alternant les sorties à vélo avec de la corde à sauter, des pompes... Le tout coaché par mon fils de 11 ans ! Jusqu'au jour où un « pro » du vélo m'explique que tant que je n'aurais pas roulé 50 km d'affilée, huit jours de suite, l'entrainement ne servira à rien ! Effondrement.

Et puis le mois de mai est arrivé : j'ai pu enfin réaliser de « véritables » sorties de 30, 50 puis 80 kilomètres, ce qui devait être ma moyenne quotidienne pendant mon périple. Au bout de quelques jours, je juge que « ça devrait aller ». Là encore, je déchante quand un autre « pro » du vélo (oui, il y a beaucoup de «pros» dans tous les domaines) m'interroge : Avec des étapes de 80 kilomètres pendant plusieurs semaines, sais-tu dans quel état seront tes fesses ? Caramba, non je n'en sais rien. Alors achète-toi une crème anti-hémorroïdes ! Sachez que quand on parle vélo, il faut savoir être terre à terre.

E/ L'itinéraire

Enfin, il m'a fallu construire mon itinéraire. *Google* a été d'un grand secours, puis grâce aux excellents conseils d'une amie, j'utilisais une application spécifique (je découvrais d'ailleurs qu'il en existe absolument pour tout) qui permet selon le niveau de difficulté, le dénivelé et le parcours choisis, de connaitre précisément les distances parcourues et le temps de trajet ! Enfin, un grand cycliste devant l'Eternel, me souffla ce conseil lumineux : longe les fleuves et les canaux, tu te garantiras des paysages magnifiques, calmes et surtout, sans dénivelé !

C'est ainsi que je repensais mon parcours en longeant le *Canal du Midi*, puis celui des *Deux Mers*, la *Vélodyssée* et enfin le *Canal de Nantes* à *Brest*. D'après de savants calculs, je devais donc boucler ma diagonale de France en 1300 kilomètres. Ajoutez à cela les détours pour passer dans les hôpitaux et rendre visite aux familles, pour se tromper de chemin, sans compter les routes barrées ou en réfection. De 1 300 kilomètres initialement prévus, je terminerai le voyage à 1 500.

F/ Contact et logement

Je souhaitais partir à la rencontre de CRCM d'une part et de familles mucos d'autre part.

- Démarchage des CRCM. Les CRCM sont faciles à joindre puisqu'ils ont des coordonnées précises et connues. Marseille, Montpellier, Toulouse, Bordeaux, Nantes puis Roscoff, chacun a ses spécificités, ses responsables, ses personnes ressources. Le relationnel avec *Vaincre la mucoviscidose* est tel qu'il a été assez simple de les approcher. Rapidement je me rendis d'ailleurs compte de l'intérêt que mon projet suscitait chez eux.

- Démarchage des familles. Ce fut une autre paire de manches. Comment contacter des familles que vous ne connaissez pas ! La muco est en effet une maladie assez sournoise pour isoler ceux et celles qui en souffrent. Jusqu'à il y a quelques années, on interdisait formellement de se rencontrer entre familles mucos pour éviter de se transmettre des germes dangereux. Dans ces conditions, comment se « reconnaitre » ? Les délégations VLM ont largement relayé mon projet sur les réseaux et auprès de leurs adhérents. J'ai cependant mis beaucoup de temps à avoir des contacts. Mon premier cercle (parents, amis) a très spontanément proposé de m'accueillir. Mais je tenais bon. Je ne souhaitais pas que mon périple se transforme en balade chez des copains. Il fallait absolument que je dorme dans des familles muco. Je lance les démarches fin mars mais aucun retour pendant plusieurs semaines. Un jour, une déléguée VLM m'explique que l'un de ses adhérents aurait été partant mais, avec le Covid, ce n'est plus possible. Bien sûr, ce satané virus me bloque ! Les mucos font clairement partie des personnes à risques. Comment accueillir chez soi quelqu'un qui va traverser la France, rencontrant un tas de monde et baladant d'une région à l'autre un virus inconnu ! Chacun se souvient aussi que les premiers retours de Chine avaient fait halte dans l'un des centres français de « quarantaine » fin février à Carry-le-Rouet. Double peine ! Je venais de l'épicentre du virus !

J'affinais donc ma communication et postais sur les réseaux de quoi rassurer mes prochains hôtes : « test PCR avant le départ et stocks de masques en tissu éco responsable réalisés par une équipe de choc (mes sœurs et belles soeurs). » A l'époque ces fameux masques « home made » semblaient irréprochables et même LA solution. Les temps ont changé...

Et voilà, vous savez tout, ou presque !

L'APPEL

En juin 2020, nous avons imaginé un texte à la manière du fameux appel du Général De Gaulle.

A toutes les Françaises et à tous les Français !

De mauvaises langues ont souvent résumé les Français

à l'incivisme et au désordre.

D'aucuns voient nos fiers gaulois,

empêtrés dans leur amour du débat stérile.

Toutes les fautes, tous les renoncements, toutes les défaites,
n'empêchent pas qu'il y a dans notre pays tous les moyens
nécessaires pour remporter un jour la victoire.

Foudroyés aujourd'hui par l'individualisme et la critique systématique,
nous pourrons vaincre dans l'avenir par l'altruisme et l'action constructive.

Le destin du monde est là !

Nous Carry Roscoff Combat Muco,

avec comme porte étendard de notre solidarité

la lutte pour vaincre la mucoviscidose,

nous invitons toutes les Françaises et tous les Français,

les jeunes et les moins jeunes, les noirs,
les blancs, les roses et les verts…

Nous invitons tous ceux qui ont envie de poursuivre cet élan de solidarité, à se mettre en rapport avec leurs associations locales, mucoviscidose mais aussi cancer, Parkinson, Alzheimer ,autisme, violences familiales...

Autant de luttes pour lesquelles nous pouvons apporter notre aide.

Quoi qu'il arrive, la flamme de la solidarité française ne doit pas s'éteindre et ne s'éteindra pas !

Occupons-nous des autres pour prendre soin de nous !

Demain, comme aujourd'hui,
nous parlerons sur les réseaux sociaux !

100%
SPORTIF
SOLIDAIRE
Mylan

Chapitre IV

Le grand départ

Etape 1 - 18 juin 2020
Carry-le-Rouet / Saintes-Maries-de-la-Mer

Il est 7h et je laisse un dernier message vidéo à Sarah et aux Zazas. A 2 heures du départ, l'excitation et l'émotion me gagnent petit à petit. Laisser derrière moi mes 5 amours pour 3 semaines, après avoir vécu le Grand confinement H24 tous ensemble pendant 4 mois, ça vous affecte plus qu'un peu ! Je pense à nos grands-parents qui, pour certains d'entre eux, marins ou militaires, partaient plusieurs mois en mer ou à l'autre bout du monde. Je pense aussi aux sous-mariniers, qui sont enfermés dans une boite au fond de l'eau, eux aussi plusieurs semaines ou plusieurs mois loin de leur famille. Mon émotion me semble tout à coup bien pâle face à ce qu'eux doivent ressentir.

Je vérifie une dernière fois ma bicyclette, mes affaires, mes sacs. J'ai bien tout ? Mes gourdes de compotes, mes sachets de fruits secs, mes masques. Ai-je trop ou pas assez prévu ? Nous verrons bien d'ici quelques jours !

Aujourd'hui mon départ sera la première « manifestation » post confinement réunissant plus de 10 personnes à Carry-le-Rouet ! Depuis le déconfinement, aucun évènement de ce genre n'a eu lieu. Je ne sais pas si les gens vont oser se rendre sur le port pour y assister. Je quitte la maison avec un pincement au cœur. Pour la première fois j'enfourche ma Mule harnachée de tout mon barda pour le voyage. Le poids se fait tout de suite sentir, ainsi que l'équilibre du vélo qui n'est pas le même qu'à l'entrainement ! Le port est désert, il est tôt encore. Je check les banderoles de *Vaincre la Mucoviscidose*, que nous avons installées hier. Je place ma bicyclette bien en vue et j'attends... Comme un amoureux à son premier rendez-vous. J'ai hâte de voir les gens arriver et pourtant j'aimerais que ce moment d'attente dure éternellement !

Il faut peu de temps : des bénévoles de *Vaincre la Mucoviscidose*, sont les premières. Toutes ont un large sourire. Chacune à sa manière a aidé et contribué au projet. Chacune à une histoire de vie plus ou moins bouleversée par la mucoviscidose. Chacune s'est engagée dans l'association, dans la délégation ou pour les Virades. Nous avons passé plusieurs mois à échanger par téléphone, à nous croiser parfois lorsque les règles sanitaires le permettaient. Elles sont toutes motivées à fond ! Elles organisent toute l'année les évènements du sud autour de *Vaincre la Mucoviscidose*. Alors notre projet CRCM avec Sarah, ça les a tout de suite emballées !

Le port se remplit petit à petit. Amis, parents d'amis, collègues, voisins, représentants d'institutions locales, du Clergé, élus... J'aperçois le curé discutant avec l'adjoint au maire. Je passe de groupe en groupe pour remercier chacun(e) ! On ne s'embrasse pas à cause du Covid mais on se sourit, on se « check » des coudes.

On me tape sur l'épaule tout à coup.
- Bonjour, on peut prendre une photo avec vous ?
- Mais qui êtes-vous ?
- Voyons, Je suis Monsieur C, candidat à l'élection municipale !
- C'est très bien... Mais je ne fais pas de politique ! Et puis bon, c'est ok... La muco vaut bien une photo !
Les différents Rotary de la région m'entourent. Ils ont largement contribué financièrement et en communicant sur le projet. Un club me remet d'ailleurs un beau chèque de 1000€ sur le port !
Finalement, il y a plus de 200 personnes qui nous entourent. C'est inespéré. J'aperçois Sarah qui a la larme à l'œil.
- « Regarde » me dit-elle, « c'est la maitresse de Samuel qui arrive avec ses élèves» !

Sans autorisation de qui que ce soit, la maitresse de notre Samuel a décidé d'emmener ses élèves pour voir le départ du papa de leur copain de classe ! Sa manière à elle de nous montrer son attachement à « la cause ». En écrivant aujourd'hui ces lignes, des larmes d'émotion me viennent encore...Nous ne savons pas toujours ce que ressentent ceux qui nous entourent, ce qu'ils savent de la maladie de nos enfants, ce qu'ils en pensent. Nous nous rendons compte que chacun à sa manière, avec sa pudeur et son histoire, vit avec nous les angoisses et les joies du quotidien.

Mais le départ approche vraiment. Nous prenons tous une grande photo sur le port, avec toutes les personnes présentes. Puis nous enfourchons nos vélos.

Quatre amis se sont engagés à m'accompagner aujourd'hui jusqu'aux Saintes-Maries-de-la-Mer, terme de la première étape.

Mais en fait, c'est plus de 60 vélos qui forment une cohorte roulant maintenant le long de la Cote Bleue vers Sausset-les-Pins !

De nombreux amis, parents et enfants, sont en caravane derrière Samuel et moi ! La police de Carry, en voiture et en vélo, nous précède. Il y a aussi les délégués d'un laboratoire, le Club de vélo de la Cote Bleue, le Tennis club de Carry... Des voitures klaxonnent comme à la sortie d'un mariage ! Il fait beau, la mer danse autour de nous, nous sommes portés par cet événement hors du temps, après des longues semaines confinés. Un premier « détachement » nous dit au revoir : celui des enfants ! Une boule me prend au ventre !

Certes, je pars seulement 3 semaines mais j'ai passé 3 mois 24h sur 24 avec les miens et c'est comme un « grand départ » ! Je ne verrai plus chaque matin mon Joachim, qui me serre fort dans ses bras en sortant de son lit, je ne prendrai plus mon petit déjeuner avec mes zazas, tous ensemble dans la cuisine, je ne me blottirai plus contre Sarah le soir ! Alors j'abrège les embrassades, pour avancer et ne pas verser de larmes.

Quelle erreur ! Ce « dernier et trop bref au revoir » à ma famille, je ne sais pas encore que je le regretterai amèrement dans quelques jours. Mais à ce moment-là, dans l'euphorie collective, je ne m'en rends pas compte. Je me soucie bien plus du « bouchon » que nous avons créé sur la route et des policiers qui semblent sur les nerfs ! La caravane repart sur la corniche de Sausset les Pins. Nous longeons la mer où s'entrainent surfeurs et planchistes. Au loin le calcaire de Marseille resplendit et le phare de Planier semble si proche. Nous quittons Sausset pour St Julien les Martigues et, devant la chapelle à la Pagnol, d'autres cyclistes nous quittent. La route se poursuit vers Martigues, la Venise du Sud, puis Port de Bouc et Fos. Dans l'ancien village perché sur sa falaise, nous nous arrêtons pour pique-niquer.

Cette fois nous ne sommes plus que 8. JP et C, salariés d'un laboratoire, qui accompagnent l'association *Vaincre la mucoviscidose* et qui me soutiennent sur tout mon parcours. Avec nous roulent également Jéremy, Felix et Clément du Tennis Club de Carry-le-Rouet, ainsi qu'Anne Laure, et enfin Evelyne et une amie qui nous ont rejoints en voiture pour nous apporter le pique-nique (un vrai festin !) A la pause, premier test de *live Facebook*. Je m'essaye un peu tard à ce qui deviendra un rituel pendant mon parcours ! Les réseaux sociaux étaient un mystère pour moi et même une « boîte de Pandore ». Mais pour la bonne cause il faut parfois savoir faire des concessions !

Après le déjeuner, nous filons vers les Salins de Giraud, en route vers les Saintes Maries de la mer ! Nous ne sommes plus que cinq.

La suite s'avère plus ardue ! Je « découvre » le poids du vélo. Particulièrement sur la « Digue à la mer » où le vent balaie tout sur son passage et crée parfois des congères de sable dans lesquelles nos roues s'enfoncent.

Découverte en chemin

LA DIGUE A LA MER

Le récit de mon périple serait bien plat si je ne vous faisais pas partager aussi mes découvertes, mes émerveillements. Le sel de la vie c'est aussi de conserver notre aptitude à nous émerveiller, ne serait-ce que pour alléger les moments difficiles !

Voici donc ma première découverte : la Digue à la mer. Si vous ne l'avez pas traversée, alors vous ne connaissez pas la Camargue ! Un peu plus de 20 km construits à la fin du 20ème siècle pour protéger la Camargue des entrées d'eau de mer. Un site extraordinaire. Une flore et une faune uniques,... On en a plein les yeux ! Mais il y a aussi vent, sel et sable qui vous fouettent le visage.

Cette digue, qui s'étend sur plus de 40 km entre les Saintes-Maries-de-la Mer et Salin de Giraud n'est praticable qu'à vélo ou à pied. Pas de voiture, pas d'autres bruits que celui du vent – et le mistral souffle souvent fort – et ceux des cris des oiseaux sauvages. Nous partons du phare de la Gacholle construit en 1882, pour éviter les naufrages et les échouages redoutés par les marins à cause de l'absence de relief. Un phare « écolo » puisqu'il fonctionne à présent à l'aide de panneaux solaires.

© S. Besfeld / SNPN

La Digue à la mer est une route inoubliable pour un cycliste, même s'il doit parfois mettre pied à terre lors de passages trop ensablés, mais, question « côte », c'est plus raisonnable, le point culminant est à 1 mètre ! La digue traverse un paysage un peu lunaire, fait de lagunes et de sansouïres, un milieu inondable recouvert de salicornes et autres plantes propres aux zones salées.
Construite au milieu du XIXème siècle, cette digue était destinée à empêcher les entrées marines dans les terres et permettre le développement des terres agricoles camarguaises. Aujourd'hui, elle traverse une réserve ornithologique particulièrement riche : on y dénombre près de 350 espèces d'oiseaux, sédentaires ou migrateurs,

ce qui constitue près des deux tiers des espèces observées en Europe. Les flamants roses, bien sûr, emblèmes de la Camargue, mais aussi toute une variété de canards, de hérons et de sternes…

Vers 16 heures, c'est l'arrivée aux Saintes-Maries. Le vent s'est calmé et la ville des Gitans nous accueille à bras ouverts. Nous visitons rapidement l'église, le petit centre. Puis nous longeons la plage, une glace bien méritée à la main ! Mes collègues du tennis club me quittent et me laissent avec Tristan, qui nous a rejoints à mi-chemin sur la digue à la mer ! C'est un compagnon idéal qui me logera le soir même. Encore une rencontre qui n'était pas prévue ! Une semaine avant mon départ, je ne savais toujours pas où loger le premier soir ! Tristan, délégué commercial dans un labo, a proposé de m'accueillir dans sa petite maison de famille aux Saintes-Maries. Nous passons donc cette première soirée avec un diner fait maison. Nous avons des échanges instructifs sur la place du commercial pour un laboratoire pharmaceutique : conseiller les soignants sans jamais « vendre » uniquement les produits. Bref, la complexité de « faire du business » autour de la santé. Sujet passionnant, sûrement clivant diront certains. En l'occurrence, une véritable volonté pour Tristan de comprendre, de rentrer dans l'équipe soignant-patient-parent.

Sans tirer aucune généralité, ceux que je vais rencontrer pendant mon périple et qui ont un lien « financier » avec la mucoviscidose, ont aussi une réelle grandeur humaine. Bien sûr, ils font du business. Mais néanmoins, ils savent prendre du temps pour s'intéresser véritablement aux patients.

Il se fait tard, nous nous souhaitons bonne nuit et je m'allonge… mais toutes les douleurs et la fatigue de cette première journée m'empêchent de trouver le sommeil ! A la fatigue s'ajoute une émotion qui me garde éveillé longtemps. Je finis quand même par m'écrouler après une bonne heure d'insomnie, pour une nuit réparatrice.

Témoignage

Tristan commercial d'un labo

A l'adolescence, l'enfant malade est moins géré par ses parents et ne suit pas forcément bien ses traitements. L'éducation et l'explication du médicament pendant cette phase est cruciale pour que l'adolescent qui commence à se gérer seul, n'oublie pas ses traitements et les suivent de manière régulière et efficace.

C'est uniquement sur cette notion « explicative » du traitement et du médicament que mon entreprise propose, que je peux intervenir. Et uniquement auprès du médecin. Je n'ai évidemment aucune interaction avec les patients. Je ne « vends » pas à proprement parler, je conseille et j'explique pour mettre en avant l'intérêt du produit.

VLM

Chapitre V

De l'amour et du vin

Etape 2 - 19 juin
Saintes-Maries / Montpellier

Le trajet des Saintes-Maries de la mer jusque Montpellier est mémorable. Nous retrouvons devant l'église Matthieu et Marguerite, des Marseillais qui ont entendu parler du projet par un de mes cousins! Ensemble, nous partons vers La Grande Motte en passant par Port Saint Louis. A la queue leu leu, nous roulons bien, et vite. La route est assez dangereuse, nous ne nous attardons donc pas trop ! A Port Saint Louis devant la statue du Roi Saint dans cette ville fortifiée qui semble toute prête pour une attaque de zombies, une pause nous permet de souffler un peu. Puis nous repartons vers la Grande Motte ou des membres d'un Rotary doivent nous accueillir. Ils sont effectivement plus d'une vingtaine à nous offrir des rafraichissements et de quoi grignoter. La matinée est bien avancée mais nous prenons le temps d'échanger. Après ceux de Marignane et de Marseille, qui sont des partenaires, c'est le 1er Rotary club qui nous accueille sur le trajet. Une quinzaine de cyclistes du club nous encadrent et nous accompagnent jusqu'à Montpellier. Tous charmants et pleins de vie.

Juan dit Juanito est le doyen de la bande. Plus de 80 ans mais, bon pied bon œil. A vélo, je le suis même si parfois sa cadence me paraît infernale ! En pédalant à ses côtés je lui demande d'où il tient une telle fougue encore à son âge ! Il me répond comme si de rien n'était : « Je me suis toujours entretenu : je fais du sport régulièrement, mais le plus important est de boire du vin et de faire l'amour le plus souvent possible ! ».

En tout cas le régime a l'air de lui convenir.

L'arrivée à Montpellier se termine par un bon déjeuner en terrasse tous les 4, Tristan m'accompagnant ensuite au CRCM, Matthieu et Marguerite filant vers Sète.

Au CRCM je retrouve Alexandre. Alex a un profil particulier ! Il est assistant recherche à Montpellier mais il navigue également sur Marseille à La Timone et à l'hôpital Nord, et aussi à Hyères.

Lors de la préparation de ce voyage, j'ai énormément échangé avec l'association *Vaincre la mucoviscidose*. Contacts, parcours, initiatives, idées, nous avons été une vraie équipe avec Chei Line, Benjamin, Yovana, Sandrine. Pour trouver des sous, nous avons imaginé, comme beaucoup d'autres, confectionner des masques en tissu 100 % solidaires et éco-conçus ! Plus de 500 masques ont ainsi été réalisés et vendus au profit de *Vaincre la mucoviscidose*. L'association m'avait alors transmis le contact d'une personne qui faisait la même chose dans le centre de la France. J'échangeais avec cette personne, qui n'était autre que la maman d'Alex. C'est ainsi que nous sommes entrés en relation et qu'il m'a proposé de m'héberger à côté Montpellier et de m'accueillir au CRCM pour me faire la visite.

Je suis reçu « en grande pompe » par toute l'équipe.

Un peu impressionné par ce premier échange avec des professionnels, je prends rapidement mes marques.

A Marseille, Samuel et Joachim sont suivis à l'hôpital de la Timone, un CRCM pour enfant. Les adultes quittant ce CRCM pour celui de l'hôpital Nord. A Montpellier, il s'agit d'un CRCM mixte : les patients sont suivis par la même équipe au même endroit dès la naissance. Le « passage » du monde de l'enfant à celui de l'adulte n'est donc pas du tout le même. Avantage, inconvénient, chacun a son avis !

Témoignages

Dr Slim

• • • • • • •

La muco est maintenant une maladie abordée avec beaucoup d'espoir. Ce qui est frappant, c'est l'évolution de la santé des enfants et de l'avenir qui s'ouvre devant eux. Ce n'est plus du tout ce que j'ai pu connaitre et apprendre à la Fac en tant qu'étudiant en médecine dans les années 90.
Est- ce lié à des équipes plus étoffées, mieux organisées ? Ou aux consultations qui sont moins pesantes. On ne se contente plus d'annonces laconiques de catastrophes en catastrophes ou de nouveau traitement en nouveau traitement ? Quoi qu'il en soit, les préparations de consultations CRCM sont beaucoup plus sérieuses. Par rapport à il y 20, 15 ou même 10 ans, ça a complètement changé. On regarde le planning une semaine avant, on se remémore très vite les

enfants avec de gros problèmes. Il faut alors anticiper et faire en sorte que les bonnes personnes soient présentes, qu'on ait le matériel adéquat… Le staff est prêt. A 9h, 9h30 toute l'équipe est là : on se réunit, on reprend l'historique récent de l'enfant. Soit ça roule tout seul, soit il y a des points délicats à aborder et ça va être plus tendu ! Par exemple, on veut mettre en place un nouveau traitement et donc on en discute, avec la psy, avec la diététicienne… Ça change le déroulé de la consultation. Ça évite les gaffes qui peuvent être choquantes pour le patient = ne plus se souvenir du dernier traitement, ou de la dernière infection… Le rapport avec les parents évolue également ; nous attendons d'eux qu'ils comprennent que nous formons une équipe. Ce n'est pas une décision arbitraire que nous médecins devons prendre seuls. On sait que certaines décisions ne peuvent être prises en une seule fois = on pose des jalons, on laisse le temps aux familles de réfléchir. La décision est partagée, nous ne sommes plus dans le paternalisme. Cette évolution déstabilise certaines familles parce qu'elles ont l'impression qu'on leur laisse trop de responsabilités. Ce n'est pas le cas : on souhaite qu'elles comprennent et qu'elles soient associés à la décision qu'on propose. L'écoute en confiance est indispensable pour nous. Certaines viennent faire leur « marché » et ne prennent que ce qui leur convient ! Quand il y a un super échange avec les

familles, les résultats sont d'autant meilleurs.
C'est une maladie qui touche tout le monde = sans distinction de classes sociales, ni de catégorie socio-professionnelle. On rencontre toute sortes de gens = des gens polis qui n'adhèrent pas, des gens très revendicateurs, des gens timides dont on aimerait plus de participation. Notre boulot est de nous mettre à la portée de tous. Adapter le discours de proposition. C'est vécu parfois de manière intrusive car cela « impose » de connaître la vie des familles : niveau scolaire, étude, manière de vivre à la maison. Mais on a besoin de ces informations. Pour proposer de l'aide, par exemple pour préparer des aérosols. Chaque enfant est différent et vit avec Sa maladie et Sa famille. En tant que médecin il faut admettre qu'on ne fait pas toujours comme on voudrait, reconnaître qu'il y a des choses qui ne seront pas faites, qu'on n'aura pas l'adhésion des parents, trop « verrouillés ». Le travail d'équipe est en soi indispensable. Certains parents parlent plus à la psychologue, d'autres à la kiné...Certains ont aussi un « passé difficile » avec l'hôpital, avec les médecins... D'où l'intérêt d'échanger beaucoup dans l'équipe. La psy est primordiale pour les familles mais aussi pour les médecins.
J'ose imaginer que dans 30 ans, il n'y aura peut-être plus de CRCM ! Nous n'y sommes pas encore et, pour l'instant, c'est évident qu'il faut garder les réunions pluridisciplinaires. Oublier ce qu'on

nous a enseigné, nous maintenir au courant de l'avancée des recherches et apprendre chaque jour : les méthodes évoluent continuellement.
Il y a encore quelques années, quand il y avait peu ou pas d'espoir, les équipes médicales devaient faire avec ce qu'elles avaient et étaient parfois très directives. Ces méthodes ont laissé une trace et il faut un peu de temps pour que cela évolue. Les nouvelles générations commencent à peine à se défaire de cet héritage compassionnel, plombant... En particulier en termes d'hygiène à domicile : autrefois très rigide, invasif, discriminant à l'école. Alors que finalement il y a peu de base scientifique pour étayer ce discours. L'éducation thérapeutique est aujourd'hui une évidence : amener les familles vers une compréhension plus forte de la maladie. Certains centres ne sont axés que sur cette dimension pédagogique. Des différences de contacts et de manières d'aborder la maladie existent entre les CRCM, ce qui en fait la richesse.

Rosie diététicienne

La mucoviscidose est une maladie dure à vivre pour les familles. Je prépare les rendez-vous avec les patients en début de semaine, d'abord seule puis en réunion. Mon objectif est d'assurer la croissance des enfants, leur bien-être. Je fais le point à chaque fois sur le sel, le digestif, le

diabète (la plupart des patients atteints de mucoviscidose deviennent diabétiques), et je fais le lien avec les médecins. Les consultations sont donc très complètes, longues mais je prends le temps de répondre à toutes les questions. J'attends des rendez-vous que l'enfant et la famille vivent au mieux la maladie, et que leur alimentation soit la moins impactée, vivre avec la muco en ayant le moins d'adaptation alimentaire possible. Les rendez-vous sont intenses, nous avons environ 6 consultations en 4 heures, je m'implique énormément dans chacune de ces consultations pour donner le meilleur à mes patients. J'essaie de faire participer au mieux les enfants comme leurs parents, j'explique le plus possible aux enfants dès qu'ils sont en âge de comprendre pourquoi le sel, pourquoi le Créon, ce qu'implique les conséquences en cas d'arrêt de leur traitement, pour qu'ils connaissent bien les effets de chacune de leurs actions. J'explique toujours tout et c'est pour cela que je sors des consultations épuisée !
Pour moi la consultation n'est pas juste « on prend le poids, on demande comment il mange et c'est fini », la prise en charge doit être complète. Et dans le cadre du CRCM c'est l'intérêt de travailler en équipe, de voir les patients grandir et sentir la complicité qui s'installe entre eux et nous.

La mucoviscidose est une maladie chronique, dont le pronostic est en train de complètement changer grâce aux patients, grâce à l'investissement, grâce aux innovations, grâce à la mobilisation des équipes. C'est une maladie très pénible qui a un impact social, familial et professionnel majeur. Mais c'est tellement variable, chaque patient a « sa » mucoviscidose.

Je vis très bien mes rendez-vous car j'aime mon métier. Depuis 20 ans tout a beaucoup évolué. Le mode de consultation en particulier : il est décidé en équipe avec le patient. Nous pouvons imposer parfois des rendez-vous focus diet ou psy ou autre mais dans la plupart des cas, c'est le patient qui demande à voir telle ou telle spécialité. Nous travaillons en responsabilité partagée, mais le dernier mot est laissé au patient. Les rendez-vous enfants sont beaucoup plus planifiables.

Chez l'adulte il y a plus de recours en urgence, ou des consultations spécifiques, qui mobilisent des professionnels différents. L'adulte est plus décisionnaire dans le choix du professionnel qu'il souhaite voir alors qu'en pédiatrie le rendez-vous est plus « drivé » par l'équipe. Par ailleurs les parents ne sont plus présents aux rendez-vous adultes. A partir de l'âge de 13, 14 ans, on demande souvent aux parents de sortir de la consultation pour pouvoir réellement impliquer l'adolescent dans la prise de décision. En

revanche quand « ça va mal » même à l'âge adulte, la présence des parents est cruciale.
Je dirais à la personne qui me remplacera un jour de s'efforcer d'être au « top » (ce qui ne veut pas dire que je le sois, mais il faut rechercher l'excellence). Les CRCM valent pour leur expertise, il ne faut pas se reposer sur nos lauriers, les idées d'aujourd'hui ne sont pas celles de demain. Le profil de la maladie va encore énormément changer. Demain faudra-t-il travailler beaucoup plus à distance, faudra-t-il voir les patients simplement en consultations ? C'est une grande richesse d'être un CRCM mixte, de suivre des patients et leurs parents depuis l'enfance. Il faut garder aussi l'idée que nous devons avoir l'expertise qui sert à nos patients mais aussi à d'autres qui n'ont pas la muco. C'est incroyable comme les progrès réalisés avec la muco ont aidé à soigner d'autres pathologies respiratoires ou digestives.

Jean psychologue

Lors de mes rendez-vous, je surveille l'évolution des enfants, je m'intéresse à la fratrie et l'histoire de la famille. Je vois les enfants au moins une fois par an, et les adultes sur demande. Nous avons la réunion de staff de mise en place le lundi après-midi, et un debrief tous les vendredis après-midi. C'est une décision d'équipe : parfois je ne pense pas voir un patient mais il y a une inquiétude au sein de l'équipe alors on décide que je le rencontre. Chaque patient a une histoire particulière. Ils ont chacun d'autres problématiques que la mucoviscidose qui impactent aussi leur vécu. Il faut être souple dans sa pratique, et savoir s'adapter à la fois à l'équipe et au patient parce qu'aucune consultation n'est standard. Ce n'est pas comme en cabinet ou les patients viennent te solliciter. Au CRCM il n'y a pas forcément de demande initiale, il faut donc repérer les besoins et éventuellement faire émerger cette demande.

En quittant le CRCM, je suis seul pour la première fois depuis mon départ de Carry. Je me promène dans Montpellier et retrouve la place de l'Europe où Pascal et des membres de l'association m'accueillent. Nous ne sommes pas très nombreux mais c'est agréable de pouvoir discuter. Une tante que je n'avais pas vue depuis très longtemps et qui suit le projet est aussi avec nous. Renouer des contacts, échanger, découvrir, fraterniser... Le sens de mon voyage prend forme !

Je pars ensuite retrouver la famille chez qui je dois loger ce soir et que je ne connais pas. Je n'ai échangé que brièvement avec la maman, sur les réseaux. Tout à coup je me rends compte que je ne sais absolument rien des personnes chez qui je suis logé chaque jour. Qui m'assure que ces familles ont un véritable lien avec la muco ? Qui me garantit qu'ils ne sont pas des escrocs ou des illuminés ?

Le doute m'envahit un instant, mais j'en ris rapidement ! Je ne suis pas dans une série télé.

Ce qui nous lie est uniquement la maladie, cette épreuve qu'aucun de nous n'a jamais souhaitée et que nous ne souhaitons à personne. C'est certain, je ne connais pas mes hôtes, ni leur «histoire». Ils m'accueillent sans rien demander en retour, simplement parce que la délégation de *Vaincre la mucoviscidose* leur a transmis un mail expliquant mon projet et sollicitant tous ceux qui seraient prêts à m'héberger. Ils ouvrent leur porte à un inconnu et, de mon côté, je n'ai qu'à entrer.

Cette première famille et cette soirée restent évidemment ancrée dans ma mémoire comme « la première » ! L'accueil a été sincère et généreux, le dialogue enrichissant avec les parents, l'adulte patient, sa sœur et son ami. Gîte et couverts, le tout simplement parfait !

En fin de soirée, touché par cette première rencontre, j'ai envie d'en garder une trace matérielle. Je propose alors à mes hôtes de signer mon casque de vélo. Ils seront ainsi avec moi pendant tout mon parcours... et même après !

XAVIER PATIENT ADULTE

Comment j'explique la muco à quelqu'un qui n'en jamais entendu parler ? En gros je dis que c'est une maladie génétique qui atteint principalement les poumons, qui se manifeste de façon très différente chez chaque personne et qui à terme réduit la capacité respiratoire et affecte le quotidien de chacun.

LA MAMAN

La muco a un retentissement important sur le quotidien de l'enfant mais avec des soins adaptés il peut vivre correctement. C'est compliqué comme lors des sorties de classes. J'ai 4 enfants. On a toujours expliqué en famille ce qu'était la muco sans jamais cacher, en étant simple et naturel.

LE PAPA

Je ne connais pas un malade qui soit comme les autres. C'est pour cela que c'est difficile à traiter car chaque forme est différente. Je ne préparais pas les rendez-vous au CRCM. Je ne me posais pas de questions. Je découvrais au fur et à mesure ce qu'était cette maladie. Il faut fréquenter le CRCM pour pouvoir rentrer dans les protocoles de soins. Les médicaments sont adaptés selon les différents profils des patients. C'est crucial d'être suivi par un CRCM qui est spécialiste.

LA SOEUR

La muco est une maladie « qui fait chier ». Il faut faire la kiné tous les jours. Au début je n'entendais pas parler du tout des rendez-vous CRCM. Depuis peu mon frère nous prévient et nous fait les comptes-rendus. Je l'ai toujours connu avec sa maladie et elle n'a jamais été tabou à la maison. Aujourd'hui on en parle plus souvent.

VLM

Chapitre VI

S'occuper des autres c'est se faire du bien

Etape 3 - 20 juin
Montpellier / Saint-André-de-Sangonis

Je repars le lendemain retrouver Pascal, pour rejoindre ensemble le fameux Alex ! Une route entre Montpellier et Saint-André de Sangonis, sinueuse mais belle, à travers champs et collines, mais sous un cagnard éprouvant. En particulier pour Pascal, muco de mon âge qui pourtant pédale bien ! Nous discutons. Il a déjà, lui aussi, entrepris le même genre de voyage que moi. Nous sommes en contact depuis plusieurs mois car très rapidement il m'a proposé de m'aider en particulier sur les réseaux sociaux. Il m'a également parlé d'un autre « fou », proche de la muco, et qui entreprend au même moment un autre pari = parcourir la « Mil'kil », une course entre St Malo et Sète, 1000 km en courant et en solo ! J'admire ces personnes qui s'engagent à nos côtés sans être liées directement à la maladie. Ce sont les vrais héros d'aujourd'hui, les convaincus, ceux qui savent voir au-delà de leur quotidien. Ils vivent en vérité le « s'occuper des autres, c'est se faire du bien ».

Mais revenons à nos moutons, ou nos vélos plutôt ! J'ai quitté ma première famille de Montpellier, avec une petite larme à l'œil ! Les premières fois sont toujours émouvantes et deviennent la pierre de touche, le « baromètre » de la suite. Nous avons 2 heures max de vélo pour rejoindre la prochaine étape. Ce n'est pas grand-chose sur le papier, mais ça devrait monter un peu. Les 2 heures paraissent bien longues... Nous sommes accablés par le soleil de cette veille d'été, au pire moment de la journée. Nous roulons en plein cagnard ! La route est belle, des collines à perte de vue. Je discute avec Pascal qui, patient muco, a du souffle à revendre.

Il déjà réalisé le même genre de défi, mais dans l'autre sens, du nord au sud. Nous parlons muco mais aussi vélo. On ne fera jamais assez l'éloge de ce moyen de transport, qui permet de prendre son temps, de voir réellement les paysages (ce qu'une voiture à 130 sur l'autoroute ne permet absolument pas). Le vélo c'est aussi le plaisir de sentir le vent qui vous caresse le front et les mollets, qui soulève votre t-shirt pour vous rafraichir.

Nous nous perdons, nous nous arrêtons pour souffler un peu... Nous arrivons enfin à Saint André où nous sommes accueillis par Alex qui nous a préparé un repas superbe, bien arrosé évidemment.

Pascal rentre à vélo jusque chez lui. Alex et moi en profitons pour faire une petite balade. Il m'entraine dans sa décapotable sur les routes vallonées de cette région que je ne connais pas. Il fait chaud mais les villages offrent des oasis de fraicheur derrière leur hauts murs médiévaux ou à l'ombre d'une falaise près de St Guilhem le Désert.

Cet après-midi sans vélo n'est pas pour me déplaire ! J'en apprends par ailleurs beaucoup sur les essais cliniques, les postes d'assistant recherche, les liens entre CRCM... Alex me décrit avec enthousiasme son activité d'attaché de recherches cliniques.

7 assistants recherches en France financés par *Vaincre la Muco* travaillent sur de nombreux projets autour de la maladie, ils expérimentent de nouveaux traitements. Rattachés à un CRCM mais naviguant souvent entre plusieurs centres (pour rappel il y en a 45 en France), les assistants voient des médecins, des infirmières, des patients. Ils travaillent sans relâche pour améliorer le quotidien des patients et « trouver ». Ce qui est passionnant également c'est le lien entre les maladies. La grande majorité des projets, même s'ils n'aboutissent pas concrètement sur le traitement particulier de la muco, permettent aux médecins d'avancer sur d'autres pathologies digestives, respiratoires... L'effet boule de neige est permanent.

TÉMOIGNAGE

ALEXANDRE ATTACHÉ DE RECHERCHE CLINIQUE

Avec mes 7 collègues nationaux, je coordonne les essais cliniques au niveau national sur les nouveaux médicaments. Je suis dans le Sud-Est, c'est-à-dire les CRCM de Montpellier, les 2 de Marseille, les 2 de Nice et celui de Giens. Je gère l'essai clinique, de l'approche au début du labo pharmaceutique, jusqu'au résultat. Un essai clinique peut être très long, de la découverte de la molécule jusqu'à la commercialisation, il y a diffé-

rentes étapes, qui peuvent prendre 10 à 20 ans. La première phase de test sur des gens « sains », puis 2ème phase sur une petite population de malades, et si c'est efficace on poursuit sur une population plus large. Ensuite, si l'efficacité est démontrée, on monte un dossier pour la commercialisation du médicament. En fonction de la gravité de la pathologie et de l'efficacité de l'essai, si ces deux variables sont très élevées (très grave pathologie et efficacité révolutionnaire), on peut accélérer les phases de tests, mais globalement on parle de plusieurs années.
Moi et mes 7 confrères attachés de recherche, nous sommes tous financés par Vaincre la mucoviscidose *et donc en partie grâce aux dons de chacun ! Mon travail me passionne et en ce moment des traitements révolutionnaires « arrivent » en particulier sur la mucoviscidose. Je coordonne également une Virade de l'espoir dans mon village d'origine dans le Loiret. Il n'y en avait pas et j'ai réussi à embarquer ma famille dans cette aventure! Cela fait 4 ans et c'est un très bel engagement et une magnifique journée de partage.*

À SAVOIR - LA RECHERCHE

La recherche est le pilier essentiel dans la lutte contre les maladies rares et génétiques.

// ORIGINE DE LA MALADIE

Il est désormais établi qu'un défaut au niveau du gène CFTR, et de la protéine issue de ce gène, est à l'origine d'une cascade d'événements cellulaires aboutissant, in fine, à l'expression des symptômes de la maladie. Parallèlement à l'identification de ces événements, la recherche développe des stratégies dans le but de corriger ces défauts.

Deux stratégies s'attaquent directement aux causes de la mucoviscidose. La première cherche à pallier le gène CFTR défectueux : il s'agit de la thérapie génique. La seconde, communément appelée thérapie de la protéine, tend à rétablir la fonction de la protéine CFTR. Si guérir la mucoviscidose reste l'objectif absolu de la recherche, le traitement des symptômes est essentiel.

// LA RECHERCHE FONDAMENTALE

Elle est indispensable à la recherche de nouvelles cibles thérapeutiques et à la recherche clinique.

En France elle est assurée principalement par les établissements publics à caractère scientifique et technologique qui sont : l'INSERM (Institut national de la santé et de la recherche médicale), le CNRS (Centre national de la recherche scientifique), l'INRA (Institut national de la recherche agronomique), et les laboratoires universitaires. Leurs activités sont financées en grande partie par l'Etat. Des subventions de recherche sont accordées par *Vaincre la Mucoviscidose* à ces organismes institutionnels. L'objectif absolu de la recherche, le traitement des symptômes est essentiel.

// LA RECHERCHE CLINIQUE

C'est une étape décisive dans la découverte de nouveaux médicaments, elle permet d'assurer un niveau d'expertise élevé des professionnels de la santé, et un accès plus rapide des patients aux solutions thérapeutiques innovantes dans un cadre sécurisé.

Elle nécessite l'implication de volontaires sains et de patients. Elle est mise en application et contrôlée par des structures officielles : ANSM (Agence Nationale de Sécurité du Médicament et des Produits de santé), DGOS (Direction générale de l'offre de soins), HAS (Haute Autorité de santé), CPP (Comité de Protection des Personnes). L'industrie pharmaceutique finance 80 % des essais cliniques. En 2008, *Vaincre la Mucoviscidose* a créé une plateforme de recherche clinique, en collaboration avec la *Société française de mucoviscidose*, et les deux centres de référence de la mucoviscidose. L'action de ce réseau est renforcée par sa synergie avec le registre français de la mucoviscidose qui facilite, entre autres, le recrutement des patients dans les études cliniques.

// LA RECHERCHE EST INTERNATIONALE

La société européenne de lutte contre la mucoviscidose (European Cystic Fibrosis Society - ECFS) regroupe cliniciens et scientifiques pour l'amélioration des soins et le développement de la recherche. Cette société organise chaque année la « Conférence européenne sur la mucoviscidose » où les chercheurs et les médecins échangent leurs dernières observations et découvertes. Elle pilote aussi le *Registre européen* de la mucoviscidose, ainsi que le *Réseau européen* de rechercher clinique en mucoviscidose (www.ecfs.eu). *Vaincre la Mucoviscidose* collabore étroitement avec l'ECFS et les associations de patients européennes.

// THERAPIE GENIQUE OU DE LA PROTEINE

La thérapie génique ou génothérapie est une stratégie thérapeutique qui consiste à faire pénétrer des gènes dans les cellules ou les tissus d'un individu pour traiter une maladie. La thérapie génique vise à remplacer ou complémenter un allèle (variant d'un gène) mutant défectueux par un allèle fonctionnel ou à surexprimer une protéine dont l'activité aurait un impact thérapeutique.

A l'instar de ce qu'est la thérapie génique pour le gène, la thérapie de la protéine vise à rétablir une activité de la protéine CFTR, au niveau de l'épithélium. La recherche a, en effet, permis la découverte récente de molécules susceptibles de restaurer ou de stimuler la fonction de la protéine CFTR. Deux principaux types de molécules sont identifiés.

- Les « correcteurs » sont des molécules capables de corriger les anomalies de la protéine CFTR et de la rendre ainsi disponible au niveau de l'épithélium.
- Les « potentiateurs » : dans d'autres cas, la protéine CFTR est bien présente au niveau de l'épithélium mais cette protéine ne montre qu'une activité résiduelle. Les « potentiateurs » sont des molécules qui stimulent cette activité résiduelle.

// DIABETE ET MUCOVISCIDOSE

Le diabète est une maladie qui empêche le corps d'utiliser correctement l'énergie fournie par les aliments ingérés. Par ailleurs, la maladie survient lorsque le pancréas ne sécrète plus d'insuline ou lorsque le corps devient résistant à l'insuline produite.

Lorsque nous mangeons, les aliments sont dégradés en glucose (sucre). Ce glucose fournit de l'énergie au corps afin qu'il puisse fonctionner correctement en puisant dans ses ressources. Pendant la digestion, le sang transporte le glucose dans tout le corps et vient alimenter les cellules. Cependant, pour que le sucre présent dans le sang puisse ensuite être transmis aux cellules, le corps a besoin d'insuline, une hormone sécrétée par le pancréas. L'insuline agit donc comme une clé permettant au glucose de passer du sang aux cellules de notre corps.

Chez les personnes diabétiques, une défaillance entre

en jeu : le pancréas ne produit pas assez d'insuline pour remplir cette mission. Le glucose reste alors dans le sang et ne peut pas passer dans les cellules. Il ne peut donc pas fournir d'énergie aux muscles du corps.

Si le glucose reste dans le sang, la glycémie augmente. À long terme, cela peut entraîner le dysfonctionnement et la détérioration de nombreux organes comme les yeux et les reins.

Certains patients mucos sont diabétiques du fait de la maladie. Parfois très tôt. Notre fils Samuel a commencé à prendre de l'insuline à l'âge de 4 ans. C'est sans doute l'une des contraintes les plus ennuyeuses de la maladie. Chaque matin, 2 « piquou », comme il les appelle, puis une nouvelle à midi, à la cantine à l'école, ce qui demande un peu d'organisation ! Entre PAI (projet d'accueil individualisé) avec l'établissement et jeu de pistes pour effectuer cette piqure à l'abri des regards des camarades.

PLAISSAN
SETE

Chapitre VII

Optimisme et réalisme

Etape 4 - 21 et 22 juin
Saint-André-de-Sangonis / Béziers

Avant mon départ, j'avais proposé à ceux de mes proches qui le souhaitaient de venir rouler avec moi. Bien sûr beaucoup sur le trajet ont répondu présents. Certains ont même fait des kilomètres pour me rejoindre. C'est le cas de mon beau père aujourd'hui ! Après les premiers jours, grande joie de le retrouver avec ses mollets de marathonien pour une étape de 50km... Qui se transforment en 70! Avec lui, la performance physique, alliée à la découverte de beaux paysages, est l'essentiel de tout *road trip* ! Alors on fait quelques détours, mais parce que « c'est plus joli » ! Et effectivement, c'est magnifique. Des collines, de Montpellier à Béziers par les petites routes, nous découvrons encore un nouveau pays. Douce France... vraiment ! Nous jouons à « faire la course » avec des cyclistes qui nous doublent et que nous doublons à notre tour, avant de les quitter. Nous croisons un monsieur d'un certain âge sur son vélo, sans casque, avec ses provisions sur le porte bagage : ce que nous faisons en vêtements de sport et avec des vélos super performants, lui le réalise tout naturellement depuis toujours avec une bicyclette vintage et en pantalon de flanelle !

Nous terminons par une surprise : chaque détour qui me semblait une erreur de parcours de mon cher beau-père, s'avère une stratégie pour permettre à ma femme et mes enfants de nous rejoindre à quelques kilomètres de Béziers. Ils arrivent de Marseille et me retrouvent pour 2 jours dans une maison prêtée par des amis. Deux jours ensoleillés, salés et bien arrosés!

Cette pause était nécessaire. Le départ de Carry-le-Rouet avait été brusque et ma femme m'avait expliqué que les enfants, même si nous parlions de ce voyage depuis des mois, n'avaient pas compris mon absence soudaine. Surtout notre dernier, qui comptant les « dodos », a tout de suite senti qu'il en faudrait beaucoup avant de me retrouver.

A Carry-le-Rouet, mes enfants avaient eu l'impression que leur papa leur était volé pour 3 semaines. La muco peut aussi donner ce sentiment, de voler une part de quelque chose ou de quelqu'un, de prendre du temps, de gaspiller de l'énergie, du bonheur ! Ces «traumatismes» de l'enfance nous les connaissons toutes et tous. La maladie encore une fois nous confronte plus tôt, ou de manière plus forte, à ces questionnements, à ces réflexions. En tant que parents, nous devons absolument nous les poser pour le bien être de tous nos enfants qu'ils soient ou non malades.

Souvent nous entendons les optimistes chanter que la maladie est une force et qu'elle nous fait découvrir une manière différente de voir le monde, de voir la vie. La maladie nous ferait grandir, nous aiderait à mieux comprendre l'autre. C'est en partie vrai et je suis dans le camp des optimistes. Mais il faut rester réalistes, et reconnaître toutes les contraintes du quotidien qui sont tout simplement gigantesques ! Et parmi elles, le sentiment d'omniprésence de la muco, pour tous et tout le temps. Nous pensons bien sûr au patient et à ses parents, mais les grands oubliés de cette maladie, sont souvent les frères et sœurs, ainsi que les grands parents. Ils doivent composer avec en permanence. Ils ne sont pas touchés directement et ne « comprennent » pas aisément le quotidien de la maladie. Ils sont souvent découragés et se sentent impuissants. Il y a même des « séquelles » chez les frères et sœurs qui vont cacher leurs propres problèmes à leurs parents (pour ne pas leur en ajouter une couche !) Ce serait une erreur de croire que l'enfant malade doit prendre plus de place que ses frères et sœurs, ou toute la place. Il faut éviter à tout prix que certains enfants se sacrifient en endossant le costume de super héros invisible.

Ce 22 juin, entre château de sable, course sur la plage et baignades, nous profitons à fond d'une vraie journée de vacances. Nous sommes une famille normale, et même si notre emploi du temps est rythmé par les occupations médicales habituelles, cela ne nous empêche pas de nous baigner, de bronzer, d'aller au restaurant, de nous engueuler ou de rire… de vivre tout simplement.

Ma famille me quitte à la fin de cette journée. La prochaine fois que nous nous verrons, ce sera à Morlaix, la veille de l'arrivée à Roscoff, le 10 juillet. Avec tous les doigts de mains et de pieds, le nombre de dodos réussit à être comptabilisé !

Par chance je ne reste pas tout à fait seul car mes beaux-parents m'accompagnent pour un diner prévu avec Paul. Je « connaissais » Paul depuis longtemps mais lui ne se doutait pas de mon existence ! Paul, un muco qui vit avec la maladie depuis sa naissance est un conférencier hors pair. Je m'identifie à lui : il doit avoir un ou deux ans de moins que moi, et j'admire tout ce qu'il a accompli. Je me «sers» de lui comme exemple pour mes enfants puisque, malgré sa pathologie, il a déjà réussi à déplacer des montagnes, au sens propre comme au sens figuré ! Le Mont Blanc, le Marathon de Paris... Un nombre d'aventures sportives incroyables.

Quelle joie de partager un moment avec lui pour en apprendre davantage encore sur cet « accélérateur de vie » dont il parle et qui l'entraine à se dépasser. Le *live* que je fais avec lui et sa compagne connaîtra le plus de vues de tout mon périple. Leur jeunesse, leur joie de vivre, leur amour l'un pour l'autre et leur envie d'avancer malgré les épreuves, impressionnent tout un chacun.

Depuis les écluses de Fonseranes, C et Paul nous annonceront même la date de leur mariage (qui avait été reporté à cause du Covid).

Paul patient adulte

Pour moi la maladie est une opportunité de faire plein de choses, d'avancer plus vite. La muco est un catalyseur de vie, parce qu'à 36 ans, je ne sais pas jusqu'à quel âge je vais vivre (j'espère 100 ans !), et je ferai mon max pour que demain soit meilleur qu'aujourd'hui. Je fais tout pour que ce soit le cas, c'est une de mes convictions fondamentales. A 36 ans, « j'ai gagné du temps » !! Parce que j'ai compris plein de choses. Je sais que certaines personnes, plus âgées que moi, n'ont pas compris ces choses-là. Elles arrivent sur leur lit de mort, parfois en étant passées à côté de leur vie. Tandis que nous les malades, on savoure mieux chaque jour les petits bonheurs, les sourires, les bisous, les rayons de soleil et le goût des framboises ! Pour cela, la maladie peut être une opportunité. Même si au quotidien il y a des moments très durs. Il n'y a pas si longtemps je pleurais dans les bras de mon amie parce que je n'en pouvais plus.

Et pourtant j'ai déjà couru 5 fois le marathon de Paris, j'ai gravi le Mont Blanc, il y a deux ans, j'ai été de Besançon jusqu'à la Pointe du Raz à vélo. Je suis certain que si j'avais été en bonne santé je n'aurais pas déjà fait tout ça à mon âge. Je suis en même temps « conférencier » et c'est un métier que je fais parce que j'ai la muco. Cela m'entraine à rencontrer tout un tas de gens que je n'aurais jamais eu l'occasion de rencontrer ! Des personnes passionnantes et enrichissantes.

J'ai fréquenté 3 CRCM depuis ma naissance car j'ai souvent déménagé. Enfant, j'ai beaucoup été dans le déni et je ne souhaitais pas parler de la maladie. J'ai tout mis de côté au lycée. Deuxième d'une fratrie de 6 enfants, l'adolescence m'a fait peur. J'avais honte de parler de la maladie pour ne pas être rejeté par les amis, les filles. Je mettais les magazines Vaincre *dans la chaudière, je n'allais plus aux virades. J'avais kiné 5 fois par semaine. Je prenais des médicaments mais je ne faisais pas d'aérosol. J'étais dans la passivité dans la maladie et même dans ma vie en général. Puis j'ai changé. Etudiant, j'ai commencé à faire beaucoup de sport. Et de plus en plus après mes études. Je préparais mes rendez-vous CRCM à fond. Je faisais la kiné, je me « drainais » énormément. Le sport et les défis sportifs m'ont forcé à m'écouter. Tout cela est très bénéfique pour moi aujourd'hui. J'ai commencé à être très proche de certains médecins ou infirmiers que j'appelais quand je me sentais bien pour faire une EFR (exploration fonctionnelle respiratoire) ! C'est un élément que j'ai découvert et qui me semble important = aller à l'hôpital pas seulement quand ça ne va pas mais aussi quand ça va très bien pour connaitre son potentiel maximum. C'est motivant, c'est challengeant et cela anticipe un traitement plutôt que venir en réponse ou en soutien quand ça ne va pas. A vingt-six ans, ma vie « change » = j'admets la maladie, je commence à l'accepter et je cherche à la surmonter. Plus de déni : je prends conscience que je dois être acteur de ma santé et de ma vie. Je dois aller chercher le bonheur, le provoquer ! Je veux aller plus loin, attaquer, pousser plus fort sur les pédales, et chercher à progresser comme tout bon sportif qui se respecte. Mais sans l'intention de « faire péter les chronos ».*

LA FIANCÉE DE PAUL

Je suis fiancée avec Paul depuis 2 ans. On s'est rencontrés à Paris et tout de suite il m'a dit qu'il avait la muco. J'étais hallucinée car cela ne se voyait pas du tout. Je connaissais la muco via Gregory Lemarchal, mais « comme tout le monde ». La maladie qui est lourde au quotidien devient « facile » à vivre avec Paul car il est joyeux. Il croque tellement la vie qu'elle ne pèse pas du tout sur moi. Il a une vraie conscience de la valeur de l'existence et en profite vraiment.

Découverte en chemin

LES ECLUSES DE BEZIERS

Cette succession de 8 écluses est certainement le lieu le plus spectaculaire du canal du Midi. Les écluses de Fonseranes situées en contre bas de la cathédrale Saint-Nazaire attirent chaque année des dizaines de milliers de spectateurs regardant admiratifs, descendre les péniches marche après marche cet « escalier d'eau ». Leur célébrité vient bien sûr de leur nombre hors du commun, mais aussi de la prouesse technique qui parvient à faire franchir aux bateaux un dénivelé de plus de 20 mètres sur une longueur de 312 mètres. L'ensemble comporte, outre les bassins, des volées d'escaliers, des passerelles et des quais, éléments constitutifs du monum ent.

C'est le 3ème lieu le plus visité de la région Languedoc-Roussillon, aujourd'hui fusionnée dans la région Occitanie.

Formée de 8 bassins de forme ovoïde, pour mieux résister à la pression de l'eau, entrecoupés par 9 portes, cette échelle d'écluses est véritablement impressionnante et majestueuse. Sa construction dura 2 ans, de 1678 à 1680, peu après la mort de Pierre-Paul Riquet, né à Béziers, auquel on doit l'existence du *Canal du Midi* et qui fut à l'origine de

cette réalisation unique dans l'histoire des transports fluviaux. Si à l'origine – à la fin du XVIIème siècle – leur principale fonction fut de permettre un développement des échanges commerciaux et de contribuer à relier la Méditerranée à l'Atlantique, leur utilisation à présent est principalement touristique. Les écluses de Fonseranes sont classées monuments historiques par l' UNESCO.
Un endroit magnifique pour une promenade en amoureux ou pour rencontrer des amoureux de la vie !

© Hervé Leclerc Aspheries

À SAVOIR

// ASSOCIATION GRÉGORY LEMARCHAL

Qui ne connait pas Gregory Lemarchal ? Notre génération l'a découvert via un jeu télévisé dont tout le monde raffolait. Je me souviens de certaines réactions sur ce muco « qui gagnait uniquement parce qu'il avait la maladie ». J'ai vu récemment un téléfilm diffusé en 2020 qui retrace sa vie. Il raconte le combat de cet enfant, de ses parents et ce qu'il a réussi à accomplir : devenir un chanteur connu. Ses parents ont créé l'*Association Grégory Lemarchal*, complémentaire de *Vaincre la muco*. Les deux associations travaillent main dans la main.

L'*Association Gregory Lemarcha*l s'appuie sur la notoriété de Gregory, mais elle est nettement orientée autour de l'amélioration de la qualité de vie du quotidien des patients = matériels, remise en état de locaux dans les hôpitaux... Enfin la sensibilisation du grand public au don d'organe, ultime recours pour les patients atteints de mucoviscidose. L'association reverse également une partie de ses dons à *Vaincre la Mucoviscidose* lors d'appels à projets.

Chapitre VIII

Hasards du voyage

Etape 5 - 23 juin
Béziers / Villeneuve-en-Minervois

Mes beaux-parents roulent avec moi quelques kilomètres, le long du canal du Midi. C'est magique, un peu le début de la vraie aventure le long de ce Canal que je ne connaissais pas ! Nous arrivons à Béziers pour retrouver un membre du Rotary. Le Rotary, organisation mondialement connue, accueille un nombre assez impressionnant de membres, regroupés en clubs, partout en France. L'une de leurs missions est d'accompagner des projets solidaires. Ils m'ont proposé ainsi de me sponsoriser. Certains clubs ont donné de l'argent pour l'association, d'autres de leur temps en m'accueillant ou même en roulant avec moi. Ici, à Béziers, un membre nous reçoit simplement. Témoignage très émouvant d'un homme qui se livre à cœur ouvert alors que nous ne nous étions jamais rencontrés. Il nous raconte son histoire personnelle. La disparition d'un proche très cher dont il ne se remet pas... La joie d'être grand-père et de voir grandir des enfants... La vie qui file et qu'on ne maitrise pas toujours, ... Des échanges profonds entre inconnus. Des émotions partagées !

Je reprends la route. Le Canal dévoile ses sentiers sinueux, ses cabosses, ses villages, ses écluses et ses miracles d'architectures ! De ce côté-ci, les herbes folles, nous cachent les imperfections du chemin. Ça tourne ça monte ça chahute et les vélos en prennent plein les pneus… un peu trop à mon goût ! Mais je ne m'en rendrai compte que plus tard. Je quitte mes beaux-parents peu après et me retrouve seul, pédalant et chantant, le nez en l'air et le vent dans le casque !

Je m'arrête sur un pont enjambant le canal : j'admire les maisons d'éclusier qui ont traversé le temps sans changer, j'imagine les énormes péniches tractées autrefois par des mules, des bœufs, des chevaux ! Quelle merveille ! Je savoure le calme du canal, les arbres qui protègent du soleil, le temps « ralenti », le temps de découvrir et d'admirer, le temps de rêvasser et de réfléchir, le temps de prendre du temps ! Je me perds évidemment entre deux rêveries, je me trompe de chemin à la « patte d'oie » qui permet de bifurquer vers le Midi et Narbonne, ou de continuer vers l'Ouest et Carcassonne. Au port de la Robine je prends bêtement la mauvaise direction. Je pédale, je pédale mais me rends compte bientôt grâce au soleil que je ne suis pas dans la bonne direction. Le canal est très sinueux et tournant dans tous les sens pour chercher la pente. La Mule commence à souffrir, son cavalier aussi. Lorsque je découvre mon erreur, je fais évidemment demi-tour.

Je suis en retard, et on m'attend à midi au Pont de Ventenac en Minervois. Je pédale de plus en plus vite, soudain je sens ma bicyclette chasser à l'arrière… Aïe, la crevaison !

Je m'arrête, il est midi, je transpire… Des gouttes de sueur dégoulinent de mon front, de mes bras. Je stresse !

Je n'arrive même pas à dévisser le capuchon de mon pneu pour tenter de le regonfler. Tant pis ! Je continue à rouler, mais je suis bientôt complètement à plat. Je cours à côté de mon vélo pour ne pas faire attendre les personnes que je dois retrouver ! Je finis par les appeler pour leur dire que je serai en retard. Retrouvons-nous « au Somail » me proposent mes amis inconnus. Epuisé, après avoir couru des kilomètres comme un âne, je finis par arriver au Somail pour retrouver Patrice, Jamie et Claude, âgés de 78 ans…

Le Somail, charmant port du canal, avec toute la panoplie = le pont en pierre qui enjambe le canal, le port, les restaurants et la « guinguette ». Nous nous détendons le temps d'une bière que j'offre à ces nouveaux compagnons. Ils m'ont changé la roue en 2 temps 3 mouvements ! Rapides, efficaces, et drôles, j'apprécie immédiatement ces 3 fans de vélo. Ils ont chacun plusieurs dizaines d'années de plus que moi mais je sens que je vais devoir pédaler pour être à la hauteur ! Nous voilà d'ailleurs repartis pour Villeneuve en Minervois, où ils habitent et où m'attend une nouvelle famille d'accueil, Joe et Eve, les grands-parents de Baptiste. J'ai hâte de les rencontrer !

La chaleur est de nouveau intense. Le trajet sera magnifique, mais éreintant ! D'autant que je crève encore 2 fois dans la même après midi ! La troisième fois, et n'étant plus qu'à une dizaine de kilomètres de l'arrivée, sans chambre à air de secours, nous finissons par appeler Jo pour venir nous chercher ! Je suis effondré et assez honteux de la situation. Mais je veux faire le fier alors je demande à l'un des 3 Mousquetaires si je peux emprunter son vélo pour terminer l'étape ! Jamie accepte tout de suite et j'enfourche son vélo de course hyper performant et bien plus léger, sans sacoche, ni bagage ! Je pique des pointes à 35 km/h qui me rassurent un peu quant à ma condition physique ! Nous entrons dans le Minervois avec ses collines, ses forêts de chênes truffiers, ses vignes de vin corsé. Je vais avoir la soirée pour apprendre que dans ce pays, un peu comme dans le pays Arverne d'Astérix, si tu n'as pas d'arbre truffier ou de vigne, c'est que tu n'es pas vraiment d'ici !

Encore une fois, nous sommes accueillis comme des rois ! Après une douche bien méritée nous attaquons l'apéro et la soirée. Mes hôtes ont invité les grands parents de Baptiste, et bien entendu mes cyclistes accompagnateurs nous rejoignent pour un diner en plein air sur une grande tablée !

En fin de soirée, on se préoccupe du sort de la Mule. Chacun a sa place dans les soins prodigués à la bête : qui retire le pneu, qui s'occupe de « cracher » pour trouver la fuite, qui s'occupe de rustiner et de gonfler ! Et moi, verre de rosé à la main, je me contente d'encourager et admirer les prouesses techniques qui devraient rendre toute sa beauté à ma monture ! Nous laissons la Mule dans son étable, toute regonflée et belle avant d'aller nous coucher épuisés par la chaleur et les 150 km de la journée !

Anne maman de Baptiste

D'emblée, on est heureux de la naissance d'un nouvel enfant. Quelques semaines après, à l'annonce du test positif de la muco, c'est la grande claque. Il faut quelques semaines pour remonter du fond du trou... ça été très dur au départ et puis on reprend le dessus et on se dit « ce petit être il a rien demandé et il est comme ça... on va faire avec » !

Damien papa de Baptiste

Dès les 2 ans de Baptiste, nous avons organisé une Virade qui dure depuis 15 ans. Cela me permettait de me rendre utile face à la maladie car sinon nous aurions été trop mal. Après être allés à la Virade de Montpellier, on s'est dit qu'on pouvait faire la même chose à Villeneuve. Depuis 15 ans, nous l'organisons avec la municipalité, les amis, les familles, et une centaine de bénévoles, pour une superbe journée et un repas de 600 personnes, des jeux pour enfants, un parcours sportif, ... Nous collectons 40 000€ par an, pour un village de 1 000 habitants perdu au milieu de nulle part, c'est pas mal !

Patrick ami des parents

Je suis le mari de la nounou de Baptiste. Nous participons aux virades depuis le début ! Ça a été naturel en fin de compte, de nous associer au combat de nos amis. C'est notre manière à nous de leur montrer notre soutien. On ne connaissait rien à la mucoviscidose, et aujourd'hui encore nous ne savons pas tout. Nous ne sommes pas au quotidien avec Baptiste, mais voir leur énergie, leur joie de vivre malgré les contraintes, ça nous booste énormément !

La grand-mere

La mucoviscidose pour moi c'est d'abord de la peur, mais il ne faut pas que ça se voit. Il ne faut pas que mon petit-fils se rende compte du souci que je me fais pour lui. Il faut toujours rester positif sans transiger sur ce qui est lié à l'hygiène. Répéter à notre petit-fils ce qu'il a le droit de faire ou pas, « être préventif », vérifier qu'il a pris ses cachets, tout en le considérant comme un « grand », en le responsabilisant.

Etape 6 - 24 juin
Villeneuve-en-Minervois / Montesquieu-Lauragais

Au réveil après cette soirée extraordinaire, j'engloutis un bol de café et des tartines avec Jo et Eve, mes hôtes. Sans le laisser paraître, je suis stressé pour ma Mule : comment a-t-elle passé la nuit dans son étable ? Cajolée hier soir, elle a quand même été bien chahutée la veille ! La nuit fut-elle réparatrice ? Jo est plutôt serein. Mais lorsque nous ouvrons l'énorme porte de sa grange, les bras nous en tombent... La Mule est à plat ! Mais à notre grand étonnement, pas du pneu réparé hier soir ! Quoi ? Le cubi aurait-il contenu autre chose que du rosé ? C'est à n'y rien comprendre. Crever 3 fois du même pneu dans la même journée, et avoir une crevaison lente la nuit sur l'autre pneu ? Du jamais vu... Nous n'avons plus de chambres à air, ni de rustines. Je propose à Jo de me repasser un coup de gonfleur pour que je puisse atteindre *Décathlon* à Carcassonne pour faire la réparation. Hors de question. Jo, taiseux du Minervois ne discute pas, il fait. Je dois accepter rapidement qu'il m'accompagne. En 10 minutes, le temps d'embrasser Eve, la Mule est dans la camionnette et nous voilà partis tous les 2 pour Carcassonne. La Mule se retrouve rapidement en « salle d'opération » pour un changement complet, pneu et chambre. Nous achetons également des chambres de secours, puis nous quittons *Décathlon*. Il faut finalement se dire au revoir avec Jo. Une poignée de main franche, et je me retrouve seul sur le Canal version « soft » ! Les berges sont maintenant parfaites, il ne s'agit plus d'un chemin cabossé.

Je reste un peu stressé par cette roue arrière que je sens déséquilibrée, comme voilée.

Je poursuis ma route, je serai ce soir seul dans une chambre d'hôte que j'ai repérée sur le chemin. Après 100 petits kilomètres, j'y arrive en quittant le canal et découvre un hôte irlandais délicieux, une maison magnifique avec piscine et un diner excellent ! A vous tous qui lisez ces lignes, je confirme que le vélo est LA solution vacances idéale ! Mais attention si vous partez en famille à 4 ou 6, un minimum d'organisation en amont est nécessaire, notamment pour se loger.

Je me couche tôt pour être en forme. Je dois retrouver demain matin Brigitte. Elle a entendu parler de mon périple, m'a mis en relation avec des radios pour communiquer autour de la muco, et m'a proposé de faire un bout de chemin avec moi.

Chapitre IX

Rencontres voulues et imprévues

Etape 7 - 25 juin
Montesquieu-Lauragais / Toulouse

Je retrouve Brigitte sur le bord du canal et nous prenons le temps d'un café pour nous « découvrir» un peu. Elle connait bien ma famille mais je la connais peu, voire pas du tout. Nous roulons en bavardant. Elle était très proche d'une de mes tantes, décédée depuis plusieurs années. Au début, je sens une gêne, des regards parfois fuyants et pourtant une envie forte de partager, de découvrir qui je suis, ma famille, mes parents. Elle m'interroge : qu'est devenu untel ou une-telle ? Finalement après le déjeuner, Brigitte se confie et m'explique que cet accompagnement, ces coups de pédales pour la bonne cause, c'est aussi sa manière à elle de se souvenir, de revisiter son passé. Ces instants « hors du temps » sont comme un arrêt sur image. Dans nos vies agitées et trépidantes, le quotidien, l'opérationnel prend trop souvent le dessus sur l'essentiel. Il faut des circonstances exceptionnelles pour savoir dire à ceux qui nous entourent nos sentiments véritables...

Arrivés à Toulouse, nous rencontrons un jeune père. Il nous a vus avec notre accoutrement *Vaincre la Mucoviscidose* et nous a interpellés. Il a clairement envie d'échanger et de raconter son histoire. Il a eu du mal à avoir des enfants. Après s'être ainsi confié, il nous propose de nous servir de guide. Si nous voulons diner il nous conseille un restaurant dans le quartier de la Daurade à Toulouse. Par hasard il s'agissait d'un restau qu'une collègue connaissait. Installé en terrasse, un couple passe dans la rue, s'arrête, intrigué par la Mule. La femme nous indique qu'elle a travaillé au CNRS sur la muco. Hasard de la vie ou providence?...

Je passe l'après-midi au CRCM de Toulouse, pour un nouveau moment d'échanges.

Quand je quitte le CRCM et je m'engage dans le centre de Toulouse, je reste inquiet pour La Mule... Sa roue arrière n'est toujours pas remise ! Avant de retrouver ma famille d'accueil, je passe chez nos amis de *Décathlon*. Là, un super gars, tripote la Mule sous toutes ses coutures. Le verdict est implacable : la roue est effectivement voilée et il n'y a pas grand chose à faire ! Un poids trop important (des bagages principalement) et très certainement l'état du Canal de Béziers jusqu'à Carcassonne. Ils ont eu raison du train arrière de la Mule. Le super pro resserre les rayons et me rassure : à partir de maintenant jusqu'en Bretagne, je devrais ne rouler que sur des pistes plates carrossables et ne rencontrer que très peu de « chemins » de terre. Mais il faudra tout de même faire attention, m'alléger le plus possible et resserrer parfois les gambettes de ma monture. Je repars « rassuré »... Avec en tous cas une vraie explication !

En fin de journée, je rêvasse en repensant aux personnes qui m'ont accompagné. Des rencontres, j'en ai fait plein et tout au long du trajet. Certaines prévues, d'autres non. Certaines voulues, d'autres moins. En l'occurrence, il m'est arrivé de rouler avec une personne dont le premier regard et les premiers mots, m'ont profondément agacé ! Trop de conseils, trop d'avis péremptoires, « tu aurais dû faire ça », « il faudrait que », « il ne faudrait pas que » ... Quand vous avez préparé pendant des mois un projet dont vous êtes fier, mine de rien, et qu'on vous dit que ça ne va pas, ça vous titille un peu. Au bout de quelques temps, vous finissez par lâcher « Si tu veux prendre ma place, ça se passera surement mieux ! » ... Il s'avère que le lendemain, la même personne vous retrouvera avec le sourire et vous apportera, humblement, tout ce qu'elle vous avait reproché d'avoir oublié...

TÉMOIGNAGES

Térésa une maman

Chacune et chacun vit des expériences humaines uniques. La nôtre, c'est la mucoviscidose de Angèle. Elle a transformé nos vies, elle nous a transformés. Au départ, c'est le ciel qui vous tombe sur la tête, alors je me suis mise en mode combat. Je me suis beaucoup tournée vers les médecines complémentaires en espérant stabiliser la maladie de Angèle. Mais je me suis rendu compte au bout d'un moment que cette maladie ne m'appartenait pas. Je suis très reconnaissante

aux médecines complémentaires d'avoir permis de « maintenir » l'état de santé d'Angèle mais j'ai petit à petit quitté le mode combat pour un mode accueil : au lieu de lutter contre, j'apprends à vivre avec. Ça a totalement changé ma manière de voir la vie : une invitation à vivre dans le présent, à profiter d'aujourd'hui. Cela a beaucoup resserré nos liens familiaux. Nous avons des liens très profonds, on est là les uns pour les autres, il y a beaucoup d'amour, nous n'aurions sans doute pas atteint cette intensité émotionnelle sans la muco. Confiance et engagement total les uns pour les autres et un profond respect.
Aujourd'hui on fait confiance. Angèle vit sa vie de couple et elle se gère. Le passage délicat s'est situé à l'adolescence quand elle ne se motivait plus en particulier pour sa kiné, alors que j'avais fait tellement d'effort pour assurer un traitement efficace quand elle était enfant. Tu as l'impression que tout est à recommencer. Heureusement elle a pris conscience peu à peu par elle-même, avec l'aide de son pneumo du CRCM qu'elle devait se reprendre en main. La muco est fourbe, même quand « ça va bien » il ne faut pas lâcher = il faut toujours être aux aguets…

Maël un papa

Il faut beaucoup d'amour pour tout gérer. Quand on annonce le diagnostic ta vie bascule vers quelque chose d'autre, il faut beaucoup d'entente dans le couple. Nous en avions déjà et cela a renforcé cette entente. C'est notre chemin, tout le monde n'aura pas forcément le même. J'allais au tout début aux rendez-vous CRCM mais assez vite, mon épouse s'étant tellement investie dans le suivi, je lui ai laissé la main.

En tant que parents, on s'occupe plus de nos enfants malades que des autres. Au-delà de cela, je pense que les frères et sœurs ressentent le stress des parents. Son frère s'est construit ainsi : « moi je suis en bonne santé et je n'ai pas besoin de montrer mes inquiétudes ou mes peurs à mes parents, je m'occupe de tout tout seul ». Il faut donc faire très attention. Par exemple si un de vos enfants subit du harcèlement au collège, si vous êtes trop absorbé par la muco de son frère ou sa sœur, vous pouvez passer à côté.

Alexis un frere

Je me rends compte de ce que ma soeur endure, de ce qu'elle doit faire en plus des autres. Quand elle était petite je me souviens que c'était quand même bien la merde pour elle. Elle avait des reflux quasiment à chaque repas et ma mère préparait sans cesse des purées pour elle. Par rapport à mes amis, j'ai un point de vue différent sur les gens, les choses, la vie. Je m'en rends compte dans nos conversations et c'est clairement lié à notre expérience de la muco. Les gens ne se rendent pas compte de ce que c'est un hôpital, ne serait-ce que cela.

Jeanne patiente de 20 ans

• •

Delta F508 et N1303K, hétérozygote, je suis étudiante en économie en L3 et très heureuse. Je vais bien… La maladie ne prend pas trop de place. Kiné et insuline tous les jours. Il s'agit d'habitude à prendre, médicaments à chaque repas, régularité du sport, etc. Depuis mes 12 ans je fais les exercices de kiné toute seule. Je ne prépare pas mes réunions au CRCM, je les vis bien en général. J'ai quitté le CRCM enfant à 18 ans pour le CRCM adulte. On passe du CRCM cocooning à un CRCM beaucoup plus indépendant. Plus d'autonomie mais moins de coaching. Le CRCM est top, hyper gentil et disponible. Je suis amoureuse et j'ai un copain depuis bientôt 4 ans. Il ne connaissait rien à la muco… il a appris depuis. Au quotidien, on fait plus attention, c'est lui qui me coache pour ma kiné quand il sent que je suis prise ou que je tousse trop. J'ai tous mes médicaments dans une boite préparée mensuellement donc on peut gérer les surprises, les weekends etc. Quand j'étais petite, j'ai quand même attendu mes 8 ans avant de manger « solide ». Ma mère me faisait des préparations « bouillies » ou des purées et se levait à 5h du matin chaque jour. Dès que je mangeais solide je vomissais, je toussais énormément la nuit et cela me faisait vomir. Mon premier repas solide, je m'en souviens très bien !

Jessica infirmiere CRCM

La mucoviscidose est une maladie qui embête tout le monde au quotidien et pour laquelle on n'a pas le droit de baisser les bras = c'est difficile pour les parents et les patients. Nous on est là pour les accompagner.
Nous préparons les rendez-vous ensemble : le médecin prévoit une programmation, puis nous (les infirmières) établissons l'agenda à trois mois en nous assurant de prévenir et gérer avec les familles leur présence. Nous prenons en compte leur contraintes et nous garantissons les rendez-vous en interne à l'hôpital, pour que tout s'enchaine. Dans notre CRCM, nous avons des patients qui habitent à 300 kilomètres. Il faut donc gérer cela aussi. La veille de chaque rendez-vous, nous faisons un check sur chaque patient pour adapter les rendez-vous à leur besoin du moment : aérosols, technique de kiné. Notre rôle est vraiment dans l'accompagnement pour apprendre aux patients à se connaitre eux même. Notre CRCM a la chance d'être composé d'une

petite équipe, on s'entend tous bien, il y a une bonne coordination entre les professionnels, une bonne communication, des médecins accessibles, qui prennent le temps de répondre à nos questions. C'est très participatif.

Laure psychologue CRCM

Nous sommes 2 psychologues au CRCM pédiatrique. J'y suis depuis 10 ans et ma collègue depuis 15. Lors de nos réunions staff du vendredi, nous nous servons énormément des enseignements de nos collègues pour préparer nos rendez-vous. Avoir la vision la plus proche possible de la vie du patient et de celle de sa famille est crucial pour nous afin de nous adapter au mieux.

Concrètement, nous avons un logiciel dans lequel chaque expert note ses commentaires sur le patient d'un rendez-vous sur l'autre. Nous suivons avec les parents au début, puis avec l'enfant ensuite. Nous proposons des suivis individuels pour les parents, ou en couple, avec l'enfant, accompagné de ses parents s'il le souhaite. A partir de 7 ans l'enfant peut être vu seul. Mon but est de proposer un espace privilégié de parole libérée pour les familles, être le médiateur quand parfois il y a des blocages avec l'équipe médicale. Certaines annonces sont très dures et les familles n'osent pas creuser ou le dire au médecin. Nous sommes là pour «crever l'abcès». Notre CRCM a des chambres individualisées ce qui me parait confortable pour les familles : elles ne bougent pas, c'est le corps médical qui vient les voir. Nous sommes soudés, la communication est excellente, toujours centrée sur le bien-être du patient.

Linda psychologue CRCM

La muco est une maladie qui fragilise progressivement certains organes (nez, poumons, tube digestif, pancréas, canaux déférents…) et évolue à « bas bruit » pendant l'enfance, avant de devenir souvent de plus en plus handicapante. Les traitements médicaux actuellement disponibles permettent de limiter les atteintes. Mais ils doivent être réalisés quotidiennement et sont très chronophages. Une des difficultés est l'équilibre à trouver entre le temps/l'énergie consacrés aux traitements et le reste de la vie. Cet équilibre varie d'un moment à l'autre et il faut être capable de s'adapter au rythme dicté par la muco pour réussir à la contenir.

Les RDV au CRCM sont préparés de manière assez standardisée, dans le but de dépister des anomalies à prendre en charge précocement. Pendant le RDV, c'est le moment pour le patient (et ses parents en pédiatrie) de réajuster le traitement et sa (leur) vision de la maladie. Ce RDV devient donc un moment personnalisé ou l'équipe soignante et les patients prennent en compte les données médicales et les choix/contraintes du patient pour trouver le meilleur traitement et s'assurer qu'il pourra être suivi. Le tout dans le but de contenir cette satanée maladie tout en vivant pleinement sa vie. Ces RDV sont pour moi l'essence même de mon métier et ce que je préfère dans mon quotidien professionnel, même si les situations sont parfois difficiles.

Etape 8 - 26 juin
Toulouse / Moissac

On roule avec Sara, André, Christelle et son compagnon vers Moissac. Joie de discuter en castellano avec Sara ! Mais surtout de découvrir un jeune couple qui ressemble au nôtre et qui partage les mêmes préoccupations avec des enfants du même âge. Ce n'est pas toujours évident dans l'approche d'une maladie de pouvoir échanger véritablement sans « contraintes ». Parfois nous rencontrons des parents de mucos bien plus âgés ou alors des grands parents qui comprennent bien évidemment nos angoisses ou nos questionnements mais sont souvent «dans le conseil» ou ont des avis tranchés. Ils «sont passés» par certaines cases que nous sommes en train de cocher. Leurs avis, leurs conseils sont toujours excellents donc précieux. Néanmoins, de pouvoir rencontrer d'autres parents, du même âge, avec des enfants qui traversent exactement les mêmes situations que les nôtres, c'est inestimable.

La muco est sournoise parce qu'elle fragilise les relations des patients avec les autres, mais aussi entre eux. Expliquons-nous: se protéger des autres est une situation qu'aujourd'hui toutes et tous peuvent comprendre avec le Covid. Pour nous muco, elle est naturelle depuis que nous sommes confrontés à la maladie: faire attention de ne pas attraper le rhume de la tante qui vient passer un weekend, faire attention de ne pas attraper la gastro qui circule à l'école... Et par ailleurs, certains germes, bactéries, sont extrêmement dangereuses entre muco et ne peuvent se passer « que de muco à muco »: les interactions entre patients sont donc fortement déconseillées. Dans cette situation, vous comprenez aisément que la communauté muco a toujours eu du mal à se réunir = elle est un facteur risque les uns pour les autres ! Les échanges entre familles muco sont très complexes et pas du tout « naturels ». Nous cherchons à les éviter au contraire. C'est donc un vrai régal de pouvoir rencontrer des « homologues » !!

Outre les échanges muco, André et Sara sont des grands fans de voyage à vélo. Je comprends avec eux que mon matériel n'est absolument pas adapté à mon périple ! Avez-vous déjà compté le nombre de rayons de votre roue de vélo ? Non, et bien c'est une grave erreur ! Quand vous choisirez votre « mule » à vous pour un voyage type randonnée à vélo, comptez donc le nombre de rayons. Plus vous en aurez, plus vous pourrez être sûr de la solidité de votre cheval ! Fouinez plutôt chez les fabricants français de 2 roues, des fabrications artisanales de préférence, avec des spécialités randonnée. Très important d'expliquer également ce que vous allez concrètement faire : randonnée d'étape en étape avec bagages ou sans, quel poids allez-vous faire supporter à votre vélo, etc. C'est tout un art de la préparation pour éviter les surprises désagréables en cours de route !

Mais revenons à nos moutons, ou plutôt à nos mules. André et Sara nous laissent à mi-chemin pour être sûrs de rentrer à temps pour leurs enfants. Nous continuons de notre côté pour arriver à Moissac et y déjeuner.

Le ciel s'obscurcit de plus en plus alors nous accélérons. Il n'a pas plu depuis mon départ, pourvu que ça ne commence pas… Mais si ça commence ! Le temps de l'averse, nous nous abritons sous de gigantesques tilleuls. Au bout de l'allée qu'ils bordent nous apercevons l'entrée de Moissac. La pluie cesse et nous repartons en nous rendant à peine compte que nous venons de franchir le Pont-Canal du Cacor.

© Joël Damase - ADT Tarn et Garonne

Découverte en chemin

LE PONT-CANAL DU CACOR
ET L ABBAYE SAINT-PIERRE

A Moissac, petite ville du Tarn et Garonne, où se rencontrent la rivière Tarn et le canal des Deux Mers, deux belles découvertes : le Pont-Canal du Cacor et l'Abbatiale Saint-Pierre.

Le Pont-Canal, situé à 2 kilomètres du centre-ville, a été construit en 1846 en briques de Toulouse et pierres blanches du Quercy, assemblage de couleurs qui ajoute à l'élégance de son architecture. Long de 356 mètres, il enjambe le Tarn et permet la navigation par le canal de Garonne qui prolonge le canal du Midi.

Pour la petite anecdote, il pleuvait quand je suis

passé sur ce pont avec Christelle, avant de rejoindre Moissac. Nous nous sommes abrités un quart d'heure sous d'immenses et magnifiques tilleuls qui sentaient bon la tisane sous l'humidité du déluge ! C'est d'ailleurs la première fois qu'il pleut depuis mon départ ! Le soir, dans la famille d'accueil, on discute on échange et on parle de tout et de rien. Le père me demande si je suis passé par le pont Canal. Je m'étonne et ne comprends pas trop. Lui hallucine, car je n'avais pas le choix : je devais nécessairement passer par ce pont en venant de Toulouse ! Alors il me montre des photos et j'éclate de rire = je l'ai admiré en attendant la fin de l'averse sous mon tilleul mais je ne m'en souvenais déjà plus !
L'Abbatiale Saint-Pierre et son cloître constituent l'un des plus beaux exemples d'une association remarquable des styles roman et gothique. Pendant près de mille ans, l'Abbaye abrita des moines bénédictins. Une légende prétend qu'elle fut fondée par Clovis lui-même à la suite de sa victoire sur les Wisigoths en 506 ! En fait, la science historique fait remonter sa construction au milieu du VII éme siècle. Le portail de l'abbatiale et son tympan ainsi que le cloître sont inscrits au patrimoine mondial de l'UNESCO. Le cloître, qui date de 1100, est une véritable merveille de l'art roman, admirablement conservé. Il forme un rectangle de 31 sur 25 mètres bordé de quatre galeries dont les arcades retombent sur une série de 116 petites colonnes de marbre. Leurs chapiteaux sont sculptés sur quatre faces et

illustrent une riche variété de thèmes bibliques.
Le monastère de Moissac a été et reste une étape majeure de la voie du Puy-en-Velay, un des chemins français les plus fréquentés pour se rendre à Saint-Jacques de Compostelle.

© L.L. Moissac

TÉMOIGNAGES

Sara une maman

La muco est une maladie piège, qui ne laisse pas de répit, il y a toujours quelque chose qu'il faut prendre en compte. Il faut tout le temps être en train de regarder, pour l'alimentation, si ce n'est pas la nourriture ce sont les poumons, c'est le sel, l'hydratation... Dans tous les domaines, il y a besoin d'une endurance très forte, parce que dès qu'on lâche un petit peu : « boum ! » ça te rattrape. Tu pensais que c'était bon et que pour un moment tu peux te détendre mais non. Il faut toujours être là. La plupart du temps c'est moi qui vais au rendez-vous au CRCM. Maintenant que notre fils est un peu plus grand, il a 9 ans, les médecins s'adressent directement à lui. En amont du rendez-vous je le prépare un peu pour qu'il puisse réfléchir aux réponses qu'il va donner : c'est sa maladie donc c'est lui qui doit être en mesure de répondre. A ces rendez-vous, on a toujours « des surprises », souvent des « mauvaises surprises ». A chaque fois qu'on y va c'est stressant parce qu'on ne sait pas ce que ça va donner, si les médecins vont trouver quelque chose de nouveau dans les analyses… Ça dépend des séances, ou je repars soulagée, ou au contraire, abattue ! Mais il faut continuer. OK, a partir de maintenant on rajoute ça, un nouveau médicament, un nouvel aérosol, allez on y va… Et on y va !

André un papa

Nous avons eu 2 autres enfants après notre muco. Nous sommes des fous pour certains. Mais pour commencer il faut savoir qu'il y a 3 chances sur 4 pour qu'un enfant n'ait pas la muco. Ce qui est quand même « positif ». Et de toute façon quand on fait des enfants on ne choisit pas si ce sera garçon-fille, handicap ou pas, muco ou pas. Alors même si le risque est très réel, à partir du moment où l'on a décidé d'avoir des enfants, alors on les prend comme ils arrivent.

Quand on a plusieurs enfants, on gère la fratrie en fonction de leur âge… C'est plus facile quand ils grandissent. Notre grand est toujours très délicat avec son frère malade. Le plus petit n'a pas encore bien compris. Il comprend que son frère est malade mais « il n'est jamais vraiment malade et en même temps il est toujours malade ! Mais on va le guérir ! Pourquoi le guérir s'il n'est pas malade ? » C'est un peu difficile à comprendre… Jusqu'à 6 ans, il n'y a pas grand-chose d'autre à faire que d'essayer d'expliquer avec des mots simples. On ne cache rien. Nos enfants savent ce qu'il se passe… Bien sûr que les besoins du muco sont plus importants que ceux des autres, mais il faut avoir une attention spécifique pour chacun.

Lisa une soeur

Je n'avais que 4 ans quand ma petite sœur est née et je ne comprenais pas. Ensuite j'ai aidé mes parents à m'occuper des médicaments de Martine. A 13 ans quand mes parents ont divorcé, j'ai souhaité m'occuper à fond d'elle pour aider mon père. Médicaments, nourriture, poche de nutrition et sonde gastrique. Je me suis rendue compte des dangers qui l'entourent : alcool, tabac… les gens ne font pas attention alors je la surveillais. Je suis devenue sa « deuxième maman ». Je l'accompagne à ses séances de kiné. Quand elle est hospitalisée et que j'en ai l'occasion, je dors avec elle. J'ai toujours peur qu'il lui arrive quelque chose, je suis inquiète pour ses études car elle ne peut pas les suivre correctement à cause des hospitalisations. Elle ne pourra pas faire ce qu'elle voudra avec toutes les contraintes, je sais que beaucoup d'employeurs ne l'embaucheront pas à cause de sa maladie. Je vis beaucoup ma vie par celle de ma sœur, c'est une battante ! Je vivrais très mal si elle partait loin de moi.

Thierry un papa

La muco c'est beaucoup d'angoisse et de souci au quotidien. Au début de la panique et de la méconnaissance. Au fur et à mesure, la maladie évolue mais – Dieu merci – la médecine aussi. Il y a beaucoup d'espoir et il faut s'ancrer sur cet espoir. Depuis 2 ans, ma fille se gère elle-même avec le CRCM adulte. Mais je checke en permanence car dans 30 % des situations elle oublie encore des choses : aérosols, kiné, insuline... Parfois, même à son âge, dés qu'elle part en WE je stresse. C'est une ado donc elle vit comme une ado, mais la maladie ne lui permet pas de vivre comme ses autres copines. La moindre fatigue est décuplée. Le moindre faux pas, la moindre mauvaise nuit ont des conséquences graves.

Agnes une patiente

J'ai 2 mutations particulières, nous ne sommes que 2 en France à avoir cette spécificité. J'ai eu une biopsie en février pour rechercher des pistes de traitements. J'ai 19 ans. J'ai commencé

en seconde générale. Ensuite j'ai bifurqué en commerce mais à cause de la muco j'ai manqué trop de stages et de jours d'école. Je suis partie en 1ère STMG, mais je n'ai suivi qu'une semaine de cours à cause des hospitalisations. J'ai passé le bac en 2 années. Mon parcours scolaire est super dur à cause de toutes mes hospitalisations.
Quand je suis née il y a 20 ans, il n'y avait pas le dépistage néonatal comme aujourd'hui. J'ai eu plusieurs occlusions intestinales à la maternité et j'ai fini à Necker où l'on m'a opérée 5 fois, retiré une partie des intestins, parce qu'ils ne comprenaient pas. Finalement, un médecin a diagnostiqué la muco. Il l'a annoncé à ma mère dans un couloir, sans vraiment lui expliquer !
Mon quotidien n'a que des inconvénients : je dois en permanence faire des compromis entre ma santé et ma jeunesse : je ne peux pas sortir quand je veux, parce que je suis fatiguée, parce que je suis à l'hôpital, parce que je suis trop maigre et sans énergie pour bouger. L'année dernière, je suis allée 3 fois en cure, 2 à 3 semaines chaque fois. Infections aux poumons donc hôpital et cures d'antibiotiques, on me bombarde d'antibiotiques. Ensuite le diabète, qui aime les infections, s'excite et il faut de nouveaux traitements.
Mes amies sont quand même hyper présentes pour moi. Elles m'aident et sont devenues parfois mes coachs ! J'ai fait mon premier rendez-vous en CRCM adulte en novembre. J'y suis depuis 6 mois.

Il y a une différence avec le CRCM pédiatrique. J'apprends plus à me responsabiliser. En adulte, je fais tout toute seule. A cause des mutations que j'ai, je n'ai pas accès aux nouveaux traitements. Je participe à des essais cliniques pour avancer sur la recherche.

Chapitre X

L'aventure c'est l'aventure

Etape 9 - 27 juin
Moissac / Barbaste

Je quitte Moissac avec des membres du Rotary. Une bande hétéroclite une fois encore, qui n'hésite pas à prendre un peu de temps avec moi. Une heure après le départ, certains me quittent et d'autres me rejoignent. Puis, en milieu de journée je termine le trajet seul vers Barbaste. Je dois quitter le canal et m'engager « dans les terres » au sud pour rejoindre ce petit village perdu au milieu de ce qui me semble nulle part ! Je suis attendu dans la famille de Lola. Le plus souvent, j'essaie d'arriver tôt pour « briser la glace » et faire connaissance. Cette fois j'arrive en avance et découvre la piscine de la maison. Sans rien demander, je pose ma Mule et me prends un bain délicieux. Lola arrive dans l'après-midi. Nous prenons le temps de discuter.

A la Barbaste, je découvre une famille très unie, pleine de vie ! Le papa médecin rentre d'un trip avec des potes à moto. La maman hyper investie dans le local, déborde d'enthousiasme et d'envie d'échanger sur la muco. Elle et sa fille me permettent de filmer une séance de kiné qu'elles travaillent entre elles. Puis elles m'expliquent toutes leurs activités autour des *Virades de l'espoir* qu'elles organisent depuis toujours avec leur bande d'amis. Le diner se poursuit ensuite avec un ami anglais installé dans le coin et passionné de vélo : il a le projet un peu fou d'un grand périple avec des patients et des 2 roues d'époque ! Où en est ce projet aujourd'hui ? Il faudrait que je pense à le relancer !

Etape 10 - 28 juin
Barbaste / Castets

Dans tout voyage l'aventure c'est l'aventure. Et si elle n'était pas là ce serait beaucoup moins drôle. En même temps, le risque reste en France assez limité ! Si tu as un pépin, tu vas au bout de la rue et tu trouves une pharmacie, un café, un hôtel, un camping, bref, un endroit où t'abriter.

Durant mon périple, j'ai toujours logé dans des familles ou chez des amis, dans un gite ou dans un camping. Mais ce jour-là rien. Je découvre que le *Canal des 2 mers* s'arrête à Castets en Dorthe. Un village dans lequel se dresse un château majestueux. Sur la page d'accueil de ce château, je repère un numéro de téléphone ! Je laisse un message. Une demi-heure après, une femme m'appelle et me demande combien nous sommes ! Je lui réponds, « seulement 2, ma Mule et Moi » ! Elle me dit : « Ok je vous prépare une chambre ! Quand j'arrive sur place, le château est encore plus impressionnant que ce que j'imaginais ! Et Madame X me reçoit dans son jardin, avec son mari. Tous les 2 d'un certain âge. Ils me font visiter cette bâtisse dans la famille depuis des siècles ! Ma chambre est prête, un diner m'attend et nous passons une soirée magique. J'entends déjà certains grincheux : « Ils ont de la place et de l'argent, ils peuvent être généreux ». C'est peut-être vrai mais les plus privilégiés ne sont pas toujours les plus accueillants. Par ailleurs, ce couple ne m'a pas simplement hébergé, il a passé du temps avec moi, cherchant à comprendre ce que je faisais et pourquoi je le faisais. Toute la soirée, ils ont été à l'écoute... Cela m'a rappelé cette écoute que je trouvais chez mes grands-parents, généreux, attentifs aux autres.

En me couchant j'ai l'appel d'un vieux copain d'école. On se voit rarement depuis quelques années. Il a pas mal bougé et est installé aujourd'hui en Espagne. Après quelques échanges il m'annonce tout de go « ça y est moi j'ai terminé mes 1500 kilomètres ». Je ne comprends évidemment pas ce qu'il me raconte. Il m'explique que, depuis le lancement de mon projet en mars, il a décidé de rouler autant de kilomètres que moi. Tous les prétextes sont bons : aller à la boulangerie, faire ses allers retours au travail chaque jour. Depuis mars, il roule et comptabilise ses kilomètres ! Et aujourd'hui il a bouclé son périple ! A chaque coup de pédale il a pensé à moi, à mes enfants et à tous les autres muco ! Je suis trop ému pour réagir et je me contente de répéter en boucle, « gracias, gracias ».

Philippe un papa médecin

Je ne me suis jamais positionné comme médecin dans le cadre familial. J'ai subi la maladie mais sans jamais l'expliquer en tant que soignant. Je m'en occupe peu. La muco est un aléa, une fatalité. La maladie ne me fait pas peur et vis-à-vis de mon travail je m'en sers comme exemple pour relativiser des problèmes, des soucis de santé moins importants.

Véro une maman

La muco, c'est au quotidien la guerre permanente aux microbes. L'hygiène, lavage des mains, tout ça. Mais il faut vivre aussi le plus normalement possible. Dans ma tête, il y a toujours un endroit où je me dis « prépare-toi à une mauvaise nouvelle à la prochaine visite CRCM. » Son diabète complique aussi les choses. L'appréhension d'avoir encore un traitement lourd à se rajouter. Avant les rendez-vous CRCM tu enregistres machinalement les informations qui peuvent t'intéresser. Le CRCM de Toulouse déculpabilisait les patients en mettant en perspective la maladie. Selon la vie quotidienne de notre fille, il adaptait les traitements. Au CRCM adulte c'est un choc car on passe du cocon, de l'enfant chouchouté à l'adulte, qui doit se débrouiller seul ! Malgré tout, la muco ne vient pas t'enlever quelque chose mais au contraire elle t'apporte quelque chose, de l'amour, de la solidarité. Pour la famille ça devient aussi un ciment.

Lola une patiente

Depuis que je suis toute petite, je suis une dormeuse alors j'ai négocié avec les médecins de faire mes aérosols le soir et pas le matin ! Je suis étudiante en communication. La muco c'est de l'organisation, énormément. Beaucoup, beaucoup d'organisation, de la fatigue, des contraintes, de la logistique… Mais ça n'empêche pas de choisir sa vie. Il faut savoir anticiper. Je ne prépare pas vraiment mes rendez-vous CRCM, sauf quand je sais que j'ai des rendez-vous diet, avec mon diabète : alors là je me pique la semaine précédente pour suivre les indicateurs de glycémie et décider en rendez-vous de l'évolution du traitement.

Je n'attends pas grand-chose de ces rendez-vous parce que même si on se connait bien et qu'on connait son corps, on se trompe souvent : parfois on arrive à l'EFR en se sentant super en forme, et le résultat est pourri, et inversement. Donc comme c'est incompréhensible, je ne m'attends à rien. Je prends les bonnes nouvelles comme des bonus, et les mauvaises comme elles viennent ! Je préfère ne pas me faire de faux espoirs !

J'ai mon diabète depuis 15 ans. Je suis à mon

2eme CRCM, étant passé du pédiatrique à l'adulte. Chambre individuelle sans avoir à se déplacer, ce sont les praticiens qui viennent nous voir avec de supers équipes et du « matos top ». A l'adulte, l'équipe est restreinte mais on les connait bien et ils sont super disponibles. Le passage de l'enfant à l'adulte est violent. On passe du chouchouté à l'autonomie totale.
D'abord on quitte une équipe qu'on connait depuis toujours, plus de 18 ans de relation super forte avec des rendez-vous tous les trimestres minimum. Et on arrive à l'adulte sans connaitre personne et sans nos parents ! Et comme cela se passe souvent en même temps que le changement d'école ou d'étude, c'est tout à la fois ! Etudiante, seule, je dois gérer mon organisation. Avant d'aller au travail, je vais chez le kiné et c'est toujours un peu la course. Eventuellement je dois aller à la pharmacie le soir, prendre mes rendez-vous au CRCM. J'ai la chance d'avoir une bonne bande de copains qui prennent soin de moi : en soirée ils checkent mes médicaments, me font éviter les fumées de cigarettes, me font la kiné en weekend, je suis super entourée.

Melchior un frere

La muco est une maladie qui est trop nulle. Quand on joue, il faut qu'on s'arrête quand la kiné arrive. Parfois mon frère ne peut pas jouer parce qu'il est fatigué et il reste dans le canapé du salon allongé.

Nos parents nous traitent tous pareils dans la famille mais je vois bien qu'ils sont stressés quelquefois à propos de la maladie. Ils ne sont pas toujours d'accord à propos de la nourriture ou des rendez-vous des médecins. Après mon frère il est presque toujours heureux... Mais quelques fois il boude parce qu'il ne veut pas faire le kiné, ses piqures ou prendre ses médicaments. Et parfois il dit qu'il voudrait mourir au lieu d'avoir la muco.

Violette une patiente

J'ai 32 ans et j'habite à Paris. Je suis muco. J'ai été dépistée à la naissance. Je fais mes aérosols le soir en regardant les live *du CRCM ! La muco c'est de l'organisation, c'est sûr. Cela demande aussi beaucoup de souplesse : c'est encombrant, aléatoire et je ne compte pas le nombre d'évènements que j'ai dû annuler ou reporter : sorties, école, mariage, voyage, ... Je ne compte pas non plus ceux que je n'ai pas annulés, heureusement ! C'est beaucoup d'incertitudes qu'il faut apprendre à gérer. Gérer ses priorités, sa santé et le moral ! L'un se fait parfois au détriment de l'autre, il faut savoir jongler : si tu laisses tomber l'un pour l'autre ça ne peut pas aller. Je suis très rigoureuse pour mes soins mais je sais aussi faire des trucs un peu « fous », je fais des voyages un peu loin, etc. Je prends des risques pour me laisser vivre. Il ne faut pas tout sacrifier pour sa santé. Je suis très bien suivie dans mon CRCM : il s'agit d'un dialogue. On prend les décisions ensemble. Je prépare mes rendez-vous, je note sur mon téléphone ce qui s'est passé, les questions que j'ai en ce moment (parce qu'il y a toujours des questions). Quand j'ai quelque chose à demander au staff je prépare mon « pitch », si je veux négocier des décalages de cures ou ce genre de choses. Ce que j'en attends, c'est un accompagnement. A Lyon en pédiatrie, c'était génial : prise de soin ludique, mais également une prise en charge en hospitalisation très minutieuse. Chez les adultes c'est moins le cas. Il faut se battre pour certaines choses pendant les hospitalisations. A Paris, ils sont top sur le diagnostic. Rapport de confiance. Ma journée type aujourd'hui c'est des médicaments. Entre 10 à 20 gélules que j'avale d'un coup au petit déjeuner ! Ensuite il ne reste « que » le créon au repas. J'ai 2 aérosols le matin + un drainage-kiné (1heure) et le soir aussi (1 heure). C'est donc minimum 2 heures par jour quand tout va bien. Je suis en couple depuis 2 ans, et nous sommes en train d'acheter une maison. En tant que muco, je ne peux pas faire de prêt car aucune assurance ne veut de moi et c'est donc mon conjoint qui emprunte tout ! Un autre « désagrément » de la muco…*

Chapitre XI

Vivre
c'est combattre

Etape 11 - 29 juin
Castets / Créon

Je quitte Castets et mon château enchanté pour reprendre la route vers la dernière étape avant Bordeaux. Créon ! Clin d'œil, puisque c'est le nom d'un médicament que les mucos doivent impérativement prendre à chaque repas.

Le créon... des enzymes pancréatiques qui vont « faire le job ». Elles vont permettre la digestion et l'absorption des graisses essentielles pour grandir, se renforcer, se développer. La découverte et la mise en place de ce médicament dans les années 80 a changé radicalement la maladie. Un enfant qui grossit et qui « mange bien », est plus fort contre la maladie, contre les maladies. Il est moins « encombré », il a moins mal au ventre, il est mieux dans son corps et dans sa tête. D'un CRCM à l'autre, d'un médecin à l'autre, la prescription et les doses de Créon peuvent être totalement différentes pour le même patient !

J'arrive à Créon en fin de matinée, charmante petite ville bordelaise assez caractéristique. Ses maisons en calcaire blanc, sa place centrale carrée, les vignes qui l'entourent. A l'office du tourisme de l'hôtel de ville je me présente. On m'indique que la télé locale voudrait faire un « reportage » sur mon départ du lendemain. Puis je passe une nouvelle « interview » assis dans un salon de coiffure, j'en profite pour recharger ma batterie de téléphone à plat !

Je retrouve Germain pour un déjeuner dans une crêperie. Nous échangeons sur les derniers progrès de la recherche. Germain est un patient muco, photographe et membre actif de *Vaincre la Mucoviscidose*. Sa vie a basculé plusieurs fois ! La maladie ne l'a pas épargné : il a failli être greffé deux fois. Têtu et combattif, il a refusé et tout donné pour s'accrocher au souffle si léger qui lui restait. Il y a quelques mois il a été éligible en priorité à un nouveau traitement, une trithérapie, qui lui redonne une nouvelle vie.

Je quitte Germain rempli d'espoir et en admiration devant ces muco de la génération précédente. De 15-20 ans les ainés de mes enfants, ou plus pour certains, ils n'ont pas eu la chance de bénéficier suffisamment tôt de traitements adaptés. Certains greffés parce que leurs organes vitaux étaient bcp trop abimés, « mangés » petit à petit par la maladie.

Je reprends mon vélo pour aller loger dans la famille d'un ancien collègue ! J'ai fait quelques entorses à mon intention de ne rencontrer que des familles muco pour deux raisons : la première quand aucune famille ne pouvait me loger, la seconde quand d'anciennes connaissances ont « réapparu » ! Les hasards nous avaient éloignés, et mon projet nous a rapprochés. C'est le cas de Julien, habitant à quelques kilomètres de Créon. Quand j'arrive chez lui, je retrouve la famille au salon. La maman me confie que les enfants aimeraient me donner quelque chose, mais ils sont trop intimidés ! Finalement la grande se lance et me tend deux pièces de 2 euros. « C'est pour participer à ta cagnotte » me dit elle avec un large sourire. Je comprends qu'il s'agit de leurs économies. Je refuse d'abord. Mais ils y tiennent tellement et cela vient du fond du coeur, que je finis par accepter. Ils ne seront pas les seuls enfants à me témoigner pareille gentillesse.

TÉMOIGNAGE

Germain un patient

Je suis en attente de greffe depuis plusieurs années, mais en fait je continue à négocier avec les médecins pour éviter cette opération. Je suis l'un des premiers bénéficiaires du traitement Kaftrio. En 2016 il y a 4 ans, j'aurais dû mourir. 6h 13h 19h = 3 perfusions par jour. L'arrivée de

Kaftrio a stoppé net ces perfusions ce qui a allégé mon emploi du temps de manière spectaculaire. Dès le 1er jour de la prise de médicaments, les effets ont été immédiats. Ce jour là j'étais à une réunion de VLM du conseil des patients à Paris. Je n'arrêtais pas d'interrompre mes camarades, comme à l'école, pour leur expliquer de nouvelles sensations : pour la première fois j'avais l'impression de respirer de l'air frais ! Jusque là, j'avais le sentiment que je respirais de l'air chaud et tout à coup un air totalement différent ! Pour la première fois ma salive se renouvelait vraiment rapidement et en continu et pas une salive qui ressemble à de la colle ! Pour rentrer chez moi et pour la première fois depuis 5 ans, j'ai pu aller tout au bout du quai à Montparnasse, sans m'arrêter pour reprendre mon souffle ! Et sans tousser à l'arrivée !
La trithérapie est possible en 2020 pour les patients « compassionnels », c'est-à-dire ceux qui doivent être greffés si aucun traitement n'est efficace. L'agence européenne du médicament a donné un avis favorable pour la mise sur le marché du Kaftrio. C'est la première étape pour qu'ensuite les organismes français, avec le gouvernement et les laboratoires, puissent prendre les mesures pour l'opérationnel, en particulier la prise en charge financière du traitement. J'étais opticien j'ai dû arrêter de travailler à cause de ma fatigue, je passais mes journées à la maison, à lire et même à ne rien faire tellement j'etais fatigué. Aujourd'hui

je reprends une vie doucement en commençant par un engagement plus fort au sein de l'association Vaincre la Mucoviscidose. *Cela me permet de remettre un pied dans la vie active. L'arrivée du Kaftrio remet en cause de manière incroyable la prise en charge de la maladie en particulier pour les jeunes patients. Corrigeant la protéine, c'est un pas gigantesque avant la correction du gène, la thérapie génique.*
Jusque maintenant je puisais énormément d'énergie pour compenser et réussir à faire fonctionner mes organes a minima. Aujourd'hui grâce à la trithérapie, j'ai besoin de moins de combustible et je commence à prendre du poids ! Les médecins me demandent de lever le pied sur la nourriture mais cela fait 30 ans qu'on me dit de grossir ! C'est une injonction paradoxale.

Etape 12 - 30 juin
Créon / Bordeaux

Je pars pour Bordeaux. Je dois visiter un quatrième CRCM, mais cette halte doit aussi me permettre de me ressourcer auprès de cousins. Nous nous souvenons du passé : il y a 10 ans, quand le monde s'écroulait ! Le premier réflexe a été « l'enterrement », le repli sur soi. Je me revois au volant sur l'autoroute, à plus de 130 km/h avec un flash. L'envie soudaine de braquer d'un coup, pour « nous mettre » dans le décor tous les quatre. Au moins ce serait fini, nous partirions tous ensemble. A quoi bon vivre avec cette maladie ? Pourquoi infliger une telle pression, une telle vie à notre enfant. Et en même temps comment vivre sans ce bout de chou ? Mieux vaut quitter la scène tous ensemble, avant le tomber du rideau...

Mais la vie fut la plus forte. Après quelques jours, ma femme et moi, nous décidons de nous battre, nous relevons et sortons la tête de l'eau. Nous écrivons alors un mail à nos proches...Un mail « incroyable », plein de fougue et de passion. A sa relecture aujourd'hui, je le trouve un peu « too much » ! Mais il aura le même effet que la foudre, l'éclair en pleine tempête. Les retours de nos proches furent exceptionnels. Evidemment toute la famille a répondu présent, mais tous les amis aussi. Jamais nous n'aurions soupçonné une telle solidarité.

TÉMOIGNAGES

Sarah et Emmanuel parents

Après l'annonce du diagnostic de la maladie, tout jeune parent se renseigne, et découvre petit à petit les gestes du quotidien essentiels pour « bien vivre ». Le premier d'entre eux, c'est l'hygiène : éviter que l'enfant attrape de mauvais virus. Sarah graphiste a conçu une fiche A4 avec les « règles à respecter pour le bien être de notre bout de chou » placardé dans la maison et chez les grands parents = si tu as un rhume, tu ne viens pas à la maison... tu n'apportes pas de bouquet de fleurs (snif), tu te laves les mains avant de prendre l'enfant dans tes bras, tu portes un masque… eh oui ! Du jour au lendemain, l'organisation de ton quotidien est bouleversée, mais celui des autres aussi. Combien de WE, de voyages, de mariages, de fêtes de famille en tous genres avons-nous annulés ? Combien de frustrations ou de peines avons-nous générées.

Je me souviens d'une semaine à la maison, pendant laquelle ma sœur, son mari et mes parents m'ont rejoint, avec leurs enfants. Ils sont arrivés, sans le savoir, avec la « gastro ». Et pendant plusieurs jours, chacun l'attrapait au fur et à mesure ! . Ma sœur et son mari culpabilisaient. Nous étions partagés entre la joie d'avoir tout le monde à la maison et le stress de terminer cette semaine par un séjour à l'hôpital. Finalement, notre « muco » fut le seul rescapé du ravage gastrique !

Il faut plusieurs mois voire des années pour apprendre à vivre sereinement. Elles sont d'autant plus difficiles que la maladie « ne se voit pas ». Combien de fois avons-nous entendu de la bouche de personnes ne connaissant pas la muco : « Mais il a l'air en pleine forme cet enfant », l'air de dire, encore des parents qui ont peur du moindre bobo. La sournoise se cache effectivement bien. Combien de fois aussi nous avons vu des gens se retourner sur nous dans des lieux publics, reconnaissant la toux caractéristique des muco, grasse et lourde… Imaginez-vous ce que cela peut-être en temps de Covid…

Florence puericultrice CRCM

Cela fait 30 ans que je travaille autour de la mucoviscidose. Quand j'ai commencé, beaucoup de petits patients avaient une espérance de vie extrêmement réduite. Aujourd'hui, le combat a totalement changé en peu d'années avec de grosses avancées. En 10-15 ans, un bond en avant spectaculaire. Nous sommes 8 référents au niveau national financés par Vaincre la muco, *depuis 2009. Nous sommes chacun référent d'une région. Moi je fais Toulouse, Limoges et Bordeaux. Recherche clinique avec des industriels, ou institutionnelle avec des hôpitaux. Par exemple, nous travaillons beaucoup sur les études cliniques avec le laboratoire W sur les résultats obtenus avec les nouveaux traitements.*

Ma semaine type au service pédiatrique est beaucoup auprès des patients (prise de sang, mesures, etc). Il faut avoir de l'imagination, par exemple pour trouver une technique de diversion pour faire accepter la prise de sang à un enfant : lui expliquer et prendre le temps ! Discuter et rire. Nous avons aussi la possibilité de lui passer un film, et même aujourd'hui d'utiliser un casque virtuel !

Carole Kine CRCM

Une des 2 kinés à temps plein pour 200 patients. Depuis près de 30 ans, je suis passionnée par ce travail autour de la mucoviscidose. Pour un kiné, en principe, la muco c'est juste un mucus visqueux. C'est comme ça qu'on s'est tous fait avoir. « Je n'entends rien, tu n'es pas encombré... Donc à demain », ai-je dit longtemps à des patients ! Ma priorité aujourd'hui est de faire comprendre que ce n'est pas parce qu'on n'entend rien, qu'on ne sent rien, qu'il n'y a rien ! La prise en charge de la pathologie doit être globale, ce n'est pas seulement 2 poumons à drainer. On doit aussi parler du côté restrictif de la prévention du trouble sphactorien, de la place de l'hydratation, de l'activité physique, du drainage et de la souplesse. Cela implique un gros panel d'activités à proposer aux patients.

Je prépare mes consultations en amont : ai-je un contrôle à faire, quel prélèvement, y a-t-il une EFR, y a-t-il un lavage, un aérosol ? Je fais le lien avec les kinés libéraux...Le patient explique ce qu'il fait avec le kiné libéral : chez lui, à l'école, avec quel matériel... Je vis mes rendez-vous assez bien grâce à une super équipe motivée et qui s'entend très bien.

La muco est une maladie qui touche plusieurs organes : les poumons, le système digestif, le pancréas, le foie, les sinus, la peau, les organes reproducteurs. J'explique assez rapidement à un adulte qui ne connait pas, le canal CFTR, avec un petit dessin qui montre les échanges de chlore et de sodium, que ces échanges entre cellules ne marchent pas dans la muco et que du coup les sécrétions sont sèches et déshydratées, et qu'il y a cela dans tous les organes du corps. Concernant le pancréas, j'expliquerai que la lipase est bloquée, et que le créon est là pour se substituer à cette déficience. Au niveau de la peau, j'explique que les muco perdent beaucoup d'eau, ils ont donc un risque de déshydratation plus important. Il faut aussi surveiller que le patient ne s'encombre pas (sat, fréquence cardiaque, l'ECBC...) et si une cure est nécessaire. Moi j'organise les rendez-vous en fonction du planning des familles. C'est super important que les familles puissent nous parler de tout, aspect médical mais aussi perso, car tout cela est lié. C'est parfois compliqué avec certains patients, il faut être pédagogue. Le point positif de notre CRCM est le fait que notre équipe est très soudée. On travaille à plusieurs pendant les consultations, ce qui permet de bien rebondir. L'équipe est aussi très dynamique, avec des innovations en permanence ! Par exemple aujourd'hui on travaille à améliorer les prises de sang, on fait appel à un échographe pour cibler les veines des patients et ne pas « s'acharner » sur la même veine pendant des heures ! C'est presque 1000 € l'échographie donc il faut monter des dossiers pour obtenir des subventions auprès d'associations. Ça nous permettra d'être plus rapide et de faire moins mal aux patients.

Alfred Dieteticien CRCM

La muco est une maladie qui touche essentiellement les poumons avec un mucus épais et collant. Mais l'atteinte est plus globale et touche 85 % des patients au niveau du pancréas et donc avec des problèmes d'absorption et de digestion des graisses. Pour ce qui nous concerne, il y a rarement d'urgence ce qui permet d'anticiper et de travailler beaucoup l'éducation avec les familles ; les sondes, le diabète, l'insuline. Le tout est de réussir à réduire le tabou ou la pression autour des repas. Nous travaillons beaucoup autour des troubles de « l'oralité », les patients qui ont un vrai problème pour se nourrir. Quand les repas sont compliqués, 4 à 5 fois par jour, c'est très lourd pour le patient et sa famille. Nous travaillons sur des apports nutritionnels sur la base d'une alimentation variée, la plus normale possible ! On s'adapte à ce que les familles souhaitent et font, tout en les éduquant vers du « mieux » ou du plus varié =

acide gras, omega 3, nutrition riche (graines, noix, huile de colza...). On utilise aussi les probiotiques car la flore intestinale des patients est perturbée par les traitements antibio et autres = on cherche toujours à réduire les troubles et la douleur des patients.

Samuel patient

Je suis allé au CRCM aujourd'hui, j'ai vu Muriel la kiné, les médecins, Nathalie l'infirmière puéricultrice, la psy... la Muco je ne peux pas te dire ce que c'est car je ne peux pas te dire ce que c'est que de ne pas l'avoir ! Je suis né comme ça... alors c'est tout ! J'ai préparé le rendez-vous CRCM avec Maman, en faisant les prélèvements d'urine ou de selles, et dans la voiture en y allant pour gagner du temps on se pose des questions en avance pour commencer à réfléchir et répondre aux médecins. Je suis arrivé à l'hosto à 9h30 et je suis rentré à la maison à 15h. Ca me prend toute la journée et je rate l'école. Ça se passe bien même si je préfère être en famille ou avec les copains. Les médecins ont essayé de nous aider à prendre une décision : ajouter une 3eme injection d'insuline par jour. Et aussi on a décidé de piquer à un nouvel endroit, sur le bras, pour changer des fesses ou du ventre parce que j'ai trop de « boules » à force d'être piqué à ces endroits.

La muco, c'est une maladie piège qui t'accapare totalement. Il faut toujours faire gaffe à tout : l'alimentation car il faut toujours manger gras pour que l'enfant grossisse, mais aussi alimentation plaisir avec des sucreries mais pas trop à cause du diabète. Piège parce qu'il faut faire attention à l'hygiène : leur hygiène à eux, enfants muco, mais aussi celle de l'entourage : on ne rentre plus dans une pièce d'hôpital, de cinéma, de magasin, sans faire attention si quelqu'un tousse pour éloigner nos enfants de ces sources de microbes éventuelles. C'est une maladie qui fait que tu y penses en permanence. A-t-il assez bu quand il fait du sport, s'est-il reposé ?... C'est une maladie voleuse de temps : on passe du temps à l'hôpital quand on pourrait être en famille ou avec les amis, à jouer... Voleuse d'énergie pour les patients mais également pour les parents.

J'attends des rendez-vous au CRCM un arrêt sur image : Comment est mon enfant ? Car on ne se rend pas trop compte de l'évolution puisqu'on le voit chaque jour. Et on attend les décisions prises de nouveaux traitements ... On ne sait jamais trop à quoi s'attendre. Quand on pense que tout va bien, on a souvent une mauvaise nouvelle, et inversement. Je les vis pas mal mais c'est très « pompant » : on ne sait pas si les médecins s'en rendent compte mais quand on entre dans le service, on observe tout : le moindre regard des médecins, leur intonation de voix... On analyse tout ce qu'ils font, à 200 % parce qu'on sait qu'ils ne nous disent pas tout et on a envie de savoir. Du coup on est épuisé en repartant !

Dominique un patient

J'ai 52 ans, muco delta F508 double mutation. J'ai eu la chance d'être diagnostiqué à la naissance car, 2 ans avant, mon frère ainé était né avec la muco aussi ! Diagnostiqué lui aussi a la naissance car 2 jours avant le médecin qui l'avait mis au monde avait eu 2 cas de muco coup sur coup ! C'est entre guillemets une « chance ».
En 1976, le test de Guthrie n'existait pas ! Mon frère a eu une forme très sévère et est mort à l'âge de 3 mois. Je suis arrivé 2 ans après et ça a été un coup terrible pour mes parents. Je suis resté les 13 premiers mois de ma vie à l'hôpital, tout le monde pensait que je ne survivrai pas comme mon frère. A l'époque, pas question de vacances, jours fériés... C'était non-stop à l'hôpital. Maman venait me voir mais pas tous les jours car l'hôpital était à plusieurs heures de voiture de chez nous. J'avais des aérosols, j'étais sous une tente placée au-dessus de mon berceau, pendant plusieurs heures, la nuit, pendant les siestes... 12 heures minimum par jour d'aérosols, c'était les prescriptions de l'époque ! J'ai eu des aérosols qui alors

sentaient horriblement mauvais ! Les traitements sont difficiles. Si tu veux savoir ce que c'est la muco, cours avec une paille dans la bouche, en respirant par la paille. Tu comprendras ce qu'on vit chaque jour...Je vais au CRCM tous les 3 à 5 mois selon les périodes. Depuis les dernières décennies, les traitements ont beaucoup changé ! J'ai vécu le clapping *= on prenait l'enfant dans tous les sens, tous les côtés et même tête en bas pour faire expectorer le mucus. Contrairement au* clapping *du foot, il s'agissait de grandes tapes sur le thorax et dans le dos ! Je l'ai fait jusque mes 12 ans. Mes parents le faisaient eux même, chaque jour. J'en ai eu marre car j'avais mal partout à force ! J'ai changé de kiné et de nouvelles méthodes sont apparues, beaucoup plus douces mais plus efficaces ! Les aérosols étaient alors très grands, imposants et lourds ! Moi-même je ne pouvais pas les soulever, certains faisaient 7- 8 kg. Aujourd'hui on a des aérosols de quelques grammes ! En plus, ça faisait du bruit comme c'est pas permis !*

Sarah et Emmanuel parents

Le premier anniversaire de notre second fils, nous le fêtons avec son premier aérosol. L'aérosol traite en profondeur les infections via un antibiotique que le patient respire. Cette « machine de guerre », cet engin que notre ainé regarde avec stupeur, fait un bruit d'enfer. Masqué, notre

Samuel doit l'utiliser deux fois par jour. Voir ce petit chouchou qui tient à peine assis, enfiler ce drôle de déguisement dont s'échappe une sorte de fumée dans un bruit assourdissant est pour le moins curieux.... Harnaché ainsi, il ressemble au fameux Dark Vador de Star Wars. Plus sérieusement, cette première cure fut un véritable traumatisme. Encore aujourd'hui, les séances d'aérosols, même si elles sont fréquentes et qu'on y est habitué, sont toujours « douloureuses ». En particulier quand elles sont pratiquées en vacances, en week-end, devant des amis, cousins... Les enfants ne prennent pas de gants entre eux et parfois leurs questions ne sont pas tendres : C'est quoi ce truc là ? C'est pour quoi faire ? Quelle drôle de tête il a !

Chapitre XII

A mi-chemin

Etape 13 - 1er juillet
Bordeaux / Lacanau / Soulac

Je quitte Bordeaux, j'ai fait le calcul je suis presque à mi-chemin. En roulant de Lacanau vers Soulac, je me remémore cette première moitié de parcours. Que de découvertes. Humaines d'abord, mais aussi touristiques... et même gastronomiques.

La seconde moitié commence un peu différemment. Avec les 3 « zouaves » qui m'ont accompagné de Bordeaux à Lacanau, nous avons, une fois n'est pas coutume, sous-estimé le nombre de kilomètres. Des 50 kilomètres prévus, nous ferons en fait le double et tout ca en pédalant comme des fous, avec un vent de face ! Nous sommes 4 alors nous roulons en relais. Deux devant et deux derrière, en changeant toutes les 20 minutes. Ceux de devant « coupent le vent » de ceux de derrière, on s'économise. Malgré tout nous arrivons à Lacanau épuisés, avec un temps quasi breton. Les conditions météos changent radicalement. Le chaud et sec sont remplacés par du venteux souvent humide ! On se restaure rapidement. Je me rends compte tout à coup que mes compagnons doivent rentrer à Bordeaux. Je ne savais pas ! Lacanau ne m'attend pas et personne ne m'a proposé de me loger. Que faire ?

Jusqu'alors, je me suis laissé porter par les autres et je ne souhaite pas changer « mon fusil d'épaule ». Avec le beau temps, la perspective de passer une nuit à la belle étoile ne me stressait pas vraiment. Aujourd'hui, je n'y compte pas du tout ! Mais, ô bonheur, un des cyclistes de la matinée prend les choses en main. Après avoir raccroché son téléphone, il me dit tout de go : « J'ai une collègue qui a un bungalow à Soulac, j'ai le code tu peux y loger ! » Mais Soulac est à 70 kilomètres ! On se dit au revoir et chacun repart dans sa direction, moi au nord et eux vers l'est. Sur les dunes entre Lacanau et Soulac, où tous les chemins se ressemblent, je manque de me perdre plusieurs fois. Passé le 100ème kilomètre je commence vraiment à être fatigué et surtout à avoir froid. Il y a du vent, ce vent d'ouest que je connais bien, accompagné de bruine et de pluie fine. Ça ne m'est encore pas arrivé depuis le début du voyage. Au 130ème kilomètre, je m'arrête. J'en ai marre ! Je ne sais pas où je dors ce soir, il faut que je trouve le camping et le bungalow. Je suis épuisé et je ne sais pas si mes jambes vont tenir. Il pleut encore, pas fort, mais suffisamment pour être trempé ! C'est la galère. D'autant plus que ce soir, personne pour m'accueillir, me préparer un bon petit plat chaud, me proposer une bière fraiche !

Allons courage ! Je reprends mon vélo et je continue, je ne vais pas dormir sous la pluie. Les derniers kilomètres sont durs. Quand j'arrive enfin au camping, bonne surprise : je découvre un bungalow simple et sympa. Je me douche et je me change. J'envoie un texto à mes bienfaiteurs, avant de me plonger dans les bras de Morphée. Pour le reste, on verra demain !

Etape 14 - 2 juillet
Soulac / Royan

Le lendemain, frais et dispo, je pars tranquillement tôt le matin. La veille, « au péril de ma vie », j'ai fait deux étapes en une. Aujourd'hui, je compte y aller plus doucement. Je roule le long de la mer. Il ne pleut plus, mais sans faire très chaud. L'Océan invite à s'arrêter sur une plage. Je déjeune à Soulac et me dirige vers le bac pour traverser l'estuaire de la Garonne !

La traversée par le bac de Soulac jusque Royan marque pour moi une véritable rupture. Prendre un bateau, c'est toujours quitter un endroit, se détacher de quelque chose qu'on ne retrouvera jamais vraiment à l'identique. Ce bac, après presque 24 heures seul, me fait complètement changer d'état d'esprit. Désormais, je ne vais plus « découvrir » dans l'excitation des départs mais plutôt « attendre » dans l'expectative de l'arrivée. Cette traversée nous fait passer d'un paysage de landes de pins, de grandes plages « rectilignes », au pays de Royan qui n'a absolument rien à voir ! On s'approche des paysages de bocages. La mer elle-même change brusquement de couleur. Les alluvions lui donnent un aspect presque boueux. Je débarque à Royan avec l'âme d'un explorateur ! Je me promène dans la ville, découvre l'incroyable église Notre-Dame reconstruite après la guerre, flâne dans les boutiques pour acheter des cadeaux pour mes hôtes du jour.

© Ville de Royan - Architecte Guillaume Gillet

Découverte en chemin

EGLISE DE NOTRE DAME EN ROYAN

Cette église, que tous les Royannais appellent « la cathédrale » est certainement un des chefs d'œuvre de l'architecture moderne. En 1945 un bombardement détruisit presqu'entièrement Royan. L'église néogothique Notre-Dame construite en 1874 fut rayée de la carte. Il fut décidé de bâtir un nouvel édifice. Max Brusset, maire à cette époque, voulait qu'il soit le plus haut possible pour que « Royan ne soit plus une ville couchée, mais une ville debout ». Edifiée entre 1955 et 1958 sous la direction des architectes Guillaume Gillet et Marc Hébrard en collaboration avec les ingénieurs Bernard Lafaille et René Sarger, Notre-Dame de Royan devait répondre à ce vœu. Avec son clocher haut de 60 mètres et sa nef culminant à 35 mètres, sa silhouette est reconnaissable de loin, et ce monument tout de béton brut semble pourtant venir du temps des cathédrales gothiques.

En pénétrant dans l'église on est frappé par la luminosité très particulière due à l'alternance d'éléments en béton et d'immenses verrières. Le chœur est éclairé par un grand vitrail triangulaire représentant la Vierge écrasant le serpent du mal.

L'ensemble ne peut qu'impressionner fortement le visiteur, ce qu'André Malraux, alors ministre des Affaires culturelles, a parfaitement traduit :

« En entrant dans cette cathédrale de béton, fais silence. Ici, tout est rigueur, élan, rudesse, austère beauté. La pénombre chante l'insaisissable, le divin, variable et constant comme la mer. »

Etape 15 - 3 et 4 juillet
PAUSE

R.A.S. si ce n'est 2 jours assez merveilleux avec des cousins. Ces deux jours me permettent aussi de penser l'esprit libre à ma propre famille, à mes enfants, à ma femme. Voir mes cousins passer du bon temps avec leur deux filles me met dans un drôle d'état. Je suis un peu jaloux, mais surtout triste. Pourquoi et pour qui je dépense autant d'énergie depuis des mois ? Pour moi ? Pour les autres ? Pour mes enfants ? Je me pose mille questions. Je pense particulièrement à Sarah, femme forte qui assure le quotidien, quelles que soient les difficultés. Je sais que la muco lui a pris une part de son insouciance, de sa joie de vivre et l'a rendue moins sereine, parfois grave. Mon projet, elle l'a compris, elle m'a soutenu du début jusqu'à la fin. Mais qui doit assurer la gestion des minots pendant que je m'entraîne à vélo, que je passe des interviews radio ou télé, que je quitte la maison pendant 20 jours ? Je prends vraiment conscience du poids supplémentaire que je lui fais porter. Mais pas qu'à elle. Les 4 enfants ont été choqués par mon départ. Leur père qui a passé 3 mois non stop avec eux, à les faire « jouer » dans des vidéos, à s'entrainer avec eux, tout à coup s'en est allé seul ! Ils ont eu probablement l'impression que ce projet n'était pas le nôtre mais seulement le mien.

On dit que la nuit porte conseil. Ce que je peux dire c'est qu'une insomnie ce soir-là me permet de réfléchir. J'ai découvert l'envers du décor, l'effet insoupçonné de mon projet sur une partie de ma famille. Je sens que Melchior, mon aîné, a été clairement affecté. Depuis 6 mois nous ne parlons que de la maladie de ses frères. Lui qui est très sensible et qui vit déjà au quotidien les soins et l'attention portés sur les autres, il a toujours été d'une compréhension lumineuse. Quasi jumeau de Samuel, ils sont « les meilleurs potes » ! « Best bro » du monde, ils passent leur temps ensemble. Quand ils ont eu chacun leur chambre, il y a quelques années, c'était pour mieux se retrouver chaque mardi soir ou le weekend dans le même lit. Ils sont pourtant très différents et ne jouent pas du tout aux mêmes jeux. Melchior très sportif et Samuel capable de jouer des heures aux voitures ou au *Lego®*, ils n'en sont pas moins d'une proximité et d'une complicité incroyables. Melchior est un grand frère protecteur de son petit frère malade. Il rentrerait tout à fait dans la catégorie des victimes indirectes de la muco qui cachent à leurs parents leurs problèmes, voulant les protéger et alléger leur charge.

Oui, j'ai fait des erreurs. Des enfants jeunes n'interprètent pas et ne vivent pas de la même manière que des adultes des événements si particuliers. D'habitude leur horizon, leur boussole, c'est nous, leurs parents. Quand l'un des deux n'est plus là, une partie de leur monde disparaît. Désormais il me faudra être plus attentif à ce sujet.

VLM

Chapitre XIII

Un nouvel état d'esprit

Etape 16 - 5 juillet
Royans / Marans

J'entame donc la fin du périple. Mon état d'esprit n'est plus du tout le même. Avec le recul aujourd'hui, c'est d'ailleurs assez étrange d'avoir eu le sentiment à ce moment-là que tout était clair dans ma tête alors qu'en réalité j'étais loin du compte.

Je me retrouve seul de nouveau. Je roule et je roule sur cette « Vélodyssée » dont on m'a tant parlé. C'est plus compliqué que le long d'un canal ou de la mer. Moi qui n'ai aucun sens de l'orientation, je me trompe de chemin à plusieurs reprises. Je peste contre ces panneaux qui, en France, à deux cent mètres d'intervalles sont capables de donner toutes les indications possibles sur un affichage pour se contredire au carrefour suivant.

Je dois retrouver 2 personnes du côté de Rochefort qui vont m'accompagner jusque Marans en passant par La Rochelle. Après m'être trompé 10 fois d'itinéraires, avoir emprunté des quasi-autoroutes sur ma Mule, au péril de ma vie, je les retrouve enfin. Je suis totalement épuisé, mais mes accompagnateurs n'en ont pas conscience : eux, ils ont déjà déjeuné alors que moi non. « Ça ira » me disent-ils, « on n'en a pas pour très longtemps » ! Tu parles ! Encore des cyclistes de plus de 60 ans qui me feront rouler en fait 4 heures de plus, après déjà 3 heures le cul sur ma Mule ! Je râle. Je ne comprends pas ces retraités. Ils ne trouvent pas le temps (dans leur emploi de ministre !) de planifier un parcours et prévoir un timing. Je bougonne mais tout s'arrangera vite avec une assiette d'huitres et une bonne bière en face de l'Ile de Ré.

A quelques kilomètres de La Rochelle, une troupe nous attend. Et plus qu'un accueil, c'est une véritable escorte qui m'emmène le long de la *Vélodyssée*. Nous traversons le port et la ville puis nous nous engageons vers Marans. Je suis à bout de force, mais rouler ainsi en convoi me donne une énergie nouvelle.

A 10 kilomètres de l'arrivée, une nouvelle halte : des enfants nous rejoignent, dont Jocelyn, le fils de Matthieu chez qui je vais loger ce soir. Ce dernier à l'âge de mon Samuel et est atteint comme lui de la DeltaF508. C'est côte à côte que nous « franchissons » la ligne d'arrivée et découvrons l'accueil de plus de 50 personnes ! Toute l'association est présente, le Rotary, le Maire et des journalistes ! Une vraie « communauté » qui « vit » la muco » ! Je découvre la famille de Jocelyn. Elle a pris à bras le corps la maladie de leur fils, petit fils, neveu... Organisation de virades et d'événements festifs, sans parler du projet un peu fou de produire une huile d'olive vendue dans toute la région en circuit court et au bénéfice de la muco...

Un micro circule et une sorte de meeting s'organise. Je prens la parole... suis très ému mais je m'entraine à ce petit exercice en pensant à la « véritable » arrivée d'ici quelques jours, à Roscoff !

Découverte en chemin

LA VELODYSSEE

Itinéraire de 1200 kilomètres, la *Vélodyssée*, ou véloroute, partant d'Handaye, longe l'Atlantique puis traverse la Bretagne en suivant le canal de Nantes à Brest et de là rejoint Roscoff. Elle emprunte 57 % de voies cyclables et 41 % de petites routes à faible circulation. Elle traverse 9 départements et 4 régions (Aquitaine, Poitou-Charentes, Pays de la Loire et Bretagne). La *Vélodyssée* fait partie de *l'EuroVélo* 1, route qui relie l'Irlande au Portugal. La grande traversée des Ulysses de la bicyclette…

Jocelyn patient

J'ai 9 ans et j'ai la muco. Je prends des médicaments, du créon, des vitamines, des comprimés… En une seule prise, je peux avaler 12 gélules d'un coup en une gorgée ! Quand je vais au CRCM, ça se passe bien, sauf que de la maison au CRCM il y a 2h30, donc quand j'y vais c'est la journée entière.

Matthieu papa

On a créé une association pour vendre de l'huile d'olive au profit de la muco. On récupère les olives chez des particuliers, des collectivités… On la fait presser et on la vend au profit de Vaincre le Mucoviscidose. *En 4 ans, on a versé plus de 12 000 € à VLM.*

Marie patiente

J'ai 20 ans et je suis en 1ère année d'études supérieures. Dans mon quotidien mes amis ne sont pas témoins directs de ma maladie, je ne fais pas mes soins en leur présence. Ils voient uniquement les médicaments que je prends à midi. Certains me rappellent même de les prendre si j'oublie ! Ils prennent soin de moi mais j'essaie de faire en sorte qu'ils ne se rendent pas compte de mes difficultés.

Etape 17 - 6 juillet
Marans / Dompierre

Je quitte Marans accompagné encore une fois par un groupe de Rotariens ! Le Rotary Club m'aura vraiment suivi tout au long de mon parcours ! Le trajet dure 2 heures environ, dans le marais poitevin. Il pleut sans discontinuer. Mais la région que je ne connaissais absolument pas me plait. Elle me semble être la quintessence du romantisme ! La pluie, les canaux, les détours qui mènent à d'autres détours dans lesquels on semble se perdre. Tout cela me plonge dans la rêverie et même la mélancolie. De mélancolique je deviens quasiment déprimé quand je me rends compte vers midi que j'ai progressé de 20 kilomètres à peine... en 3 heures ! A force de tourner dans le marais, je me suis complètement perdu ! Trempé et fatigué, malgré le peu de kilomètres parcourus, j'opte pour une bonne pause déjeuner avant de repartir.

A Dompierre, je suis accueilli par une famille atypique : une famille avec plusieurs mucos c'est assez rare, une famille de muco qui a fait le tour du monde, c'est encore plus rare ! Et pourtant ça existe. Témoin celle-ci, jeune, enjouée, pleine de vie et d'envie, qui a réussi contre toutes attentes à boucler un tour du monde en quelques mois. Quand on veut, on peut !

C'est une histoire assez folle qui, pour être appréciée à sa juste mesure, doit prendre en compte le fait que la muco, pour des enfants entre 5 et 15 ans, c'est :

- Des médicaments matin, midi et soir, en gélules la plupart du temps. Il s'agit de plusieurs médicaments selon le traitement = créon, orkambi, forlax, vitamines, compléments...soit 2 à 8 boites différentes.

- Des piqures d'insuline le matin et le midi (en prévoyant un endroit frais pour conserver le produit).

- Des séances de kinés 2 à 4 fois par semaine (séance de 45 minutes chacune).

- Des aérosols lors des infections. Un aérosol c'est l'équivalent d'une petite malette qui doit se brancher sur le secteur et dans lequel on va mettre un médicament qui se diffuse dans le masque porté par le patient. Donc un aérosol = malette « outil » + boite médicaments.

Il s'agit en moyenne d'un bon gros carton de médicaments à récupérer en pharmacie 1 fois par mois (sans oublier un rendez-vous 1 fois tous les 2 mois au CRCM). Et cela quand tout va bien.

Alors imaginez l'organisation à mettre en œuvre pour partir plusieurs mois ! Eh bien, avec l'aide de leur CRCM et surtout d'une énergie et d'une volonté de fer, cette famille incroyable a tenté le pari, et l'a réussi. Ordonnances prévues sur plusieurs mois (en français et en anglais), assurances, contacts et points de chute par pays vérifiés (la muco n'a pas forcément la même « notoriété » partout dans le monde). Le voyage connaitra toutes les péripéties d'un tour du monde en famille, des anecdotes par centaines gravées pour toujours (dont une grosse fièvre à Cuba, qui n'était heureusement pas liée à la muco). Une expérience inoubliable ! Ce soir là, je découvre des gens un peu fous mais extrêmement attachants !

Louise patiente

J'ai 12 ans. Il y a 1 an on a fait un tour du monde en famille. Nous sommes allés dans plein de pays dans les deux hémisphères ! Moi j'ai préféré l'Equateur parce qu'il y avait l'Amazonie ! Ce sont mes parents qui me faisaient la kiné pendant le tour du monde.
9 mois de voyage tous les 5 ! Grâce au CRCM, ils nous ont tout préparé, soins, ordonnances... Contact avec le CRCM de Nouvelle Zélande au cas où. On avait des ordonnances en français, en anglais surtout pour les passages douane dans les aéroports. On avait 6 mois de stock en médicaments. On a quand même eu peur dès les premiers jours parce que j'ai eu 4 jours de fièvre très forte à Cuba.

André petit frere

J'ai 4 ans. La muco je sais pas trop ce que c'est, mais je sais que c'est une maladie qu'on peut mourir si on prend pas les médicaments.

Etape 18 - 7 juillet
Dompierre / Nantes

De Dompierre à Nantes, l'ambiance change du tout au tout ! Des routes, de la circulation, de plus en plus de circulation à l'approche de Nantes ! C'est curieux. Pour pouvoir dormir à Dompierre et rencontrer la famille de la veille, je me suis en fait éloigné de la *Velodyssée* sans vraiment le savoir. La route est du coup beaucoup moins agréable, mais ça valait le détour !

J'arrive à Nantes et je rencontre sans aller à l'hôpital, l'équipe du CRCM de la ville à une terrasse de café. Les échanges sont riches d'enseignements. On parle greffes et nouveaux traitements.

La greffe des poumons, c'est l'inévitable et l'inéluctable passage pour beaucoup de muco. Cependant, les choses évoluent. Une révolution est en marche même si, encore aujourd'hui, certains malades atteints de manière trop grave sont contraints à la greffe. Je rencontre à Nantes une greffée d'une quarantaine d'années. Elle appartient à la génération de celles et ceux qui ont connu tous les nouveaux traitements, mais souvent trop tard, alors que leurs poumons, leur système digestif et toutes leurs muqueuses étaient déjà sérieusement détériorés. Cette une génération qui aura servi de « tremplin » à la suivante.

Cette rencontre me marque profondément. Je suis père d'enfant muco de moins de 10 ans. Une nouvelle génération qui voit apparaitre des traitements qui vont peut-être tout changer. Je n'ai pas connu l'époque pendant laquelle, lorsqu'un muco naissait, le médecin disait aux parents de ne pas trop s'attacher à leur enfant. « Il ne vivra pas longtemps de toute façon ». Les mucos qui ont 40 ans aujourd'hui se sont battus au quotidien pendant des années contre des « moulins à vent », mais ils ont réussi à gagner du temps pour les autres.

TÉMOIGNAGES

Patricia patiente

J'ai 43 ans, je suis greffée depuis mes 23 ans. Je n'ai pas d'enfant à cause de la muco. La muco c'est de la merde. On construit sa vie en fonction de la maladie et pas en fonction de ses envies, de ses passions. Je ne te raconte pas avec le Covid, c'est pire que tout. Nous passons notre temps à nous protéger et à éviter les microbes des autres. Ces microbes ou ces virus que tous véhiculent sans en être affectés mais qui sont des bombes pour nous. Je pensais que le regard des autres changerait « grâce » au Covid mais il n'en est rien. La plupart des gens se fichent éperdument des autres, le plus important reste leur propre personne.

Delphine maman d'un enfant handicapé

La relation dans la fratrie se modifie quand il y a une pathologie. Ma petite dernière est la chouchoute, elle est handicapée. Quand on a un enfant malade bien sûr ce n'est pas la grosse « teuf ». Mais il faut bien avancer et « faire avec ». En revanche ce qui est remarquable c'est l'ouverture des frères et sœurs par rapport au handicap. Leur regard change, ils en parlent entre eux, avec leurs amis, ça devient « naturel ». Certains amis des enfants, viennent à la maison et disent qu'ils ont « un peu peur de la petite sœur ». On essaie d'expliquer. Une fragilité devient une force. On ne crie pas du tout « c'est génial d'avoir un enfant handicapé ». En revanche, on devient plus sensible à toutes les fragilités et les souffrances des autres.

Blanche tante

On est pudique dans la famille, alors parler de la maladie de nos neveux quand on se voit, c'est difficile. Mais finalement on découvre cette rage de vivre, ce courage de prendre les virages de la vie malgré la maladie.

Chapitre XIV

Au coeur de la Bretagne

Etape 19 - 8 juillet
Nantes / Redon

Je quitte Nantes et j'entre dans cette Bretagne que j'aime tant. En roulant avec un jeune couple qui m'accompagne, je pense encore à tous ces patients et patientes de plus de 30 ans. Comment réagir quand on te dit que ton espérance de vie est de 35 ou 40 ans ? Comment réagir quand on te dit qu'il te reste seulement quelques années ? Profiter de la vie, se laisser aller, faire des études, choisir un métier, fonder une famille ? Personne ne peut s'imaginer et comprendre ce que les malades peuvent ressentir. Et, par ailleurs, beaucoup de mucos aujourd'hui sont confrontés à une avalanche d'émotions contradictoires. Il y a ceux qui, frôlant la mort, sont presque ressuscités par les nouveaux traitements arrivés en juin 2021. D'autre à l'inverse ont la douleur de ne pouvoir en bénéficier parce que greffés, parce que trop fragiles, parce qu'il est trop tard. Le médicament serait arrivé juste 3 ans avant, ou bien, il ou elle serait né 3 ans après... Tout aurait changé pour eux. Le destin, le hasard ou la providence sont parfois injustes.

Sur ce canal de Nantes à Brest, j'ai l'impression de revenir en arrière sur les canaux du sud. Je pédale sans peine, la route est facile. A Redon, je retrouve mes frères et une de mes soeurs. Ils ont tous réussi à se libérer pour passer une soirée et une journée sur mon parcours. Nous rions comme des fous au restaurant puis dans la minuscule chambre d'hôtel que nous partageons tous les 4, serrés comme des harengs dans l'unique lit disponible.

Depuis plus de 10 ans et un voyage en Irlande, nous ne nous étions jamais retrouvés tous réunis ! Il ne manque qu'une de mes soeurs, qui n'a pas pu se libérer mais qui nous rejoint pour un *live Facebook* ! Je me rends compte d'ailleurs que ce voyage en Irlande (j'y étais parti pour un stage d'anglais) avait déjà pour prétexte de me retrouver.

Découverte en chemin

LE CANAL DE NANTES A BREST

Rien à voir avec le Canal du Midi ou le canal des deux mers. Nous trouvons moins d'ouvrages typiquement canalesques, mais une nature et des villages extraordinaires. Peut-être que mon chauvinisme de breton joue en la faveur de ce canal, mais pas sûr ! Le Canal de Nantes à Brest suit le plus souvent les cours d'eau bretons, empruntant des canaux artificiels pour rejoindre l'un à l'autre. Ce qui permet de découvrir toutes ces villes au charme intemporel. Redon, Malestroit, Josselin, Pontivy… Autant de noms qui nous remémorent l'histoire de cette Bretagne farouche et rebelle.

100 % breton ce canal puisqu'il traverse la Bretagne de part en part : 364 kilomètres, rythmés par 236 écluses. Il part de l'Erdre, affluent de la Loire et rejoint l'Aulne et la petite ville de Châteaulin où s'arrête le chemin de halage. Commencée en 1806, sa construction fut achevée en 1858 ; de fait, le projet de relier Nantes à Brest remonte au XVIème siècle, à l'époque de l'union du duché de Bretagne au royaume de France. Il s'agissait de désenclaver le centre de la Bretagne, surnommée par la suite « la Sibérie bretonne ». Il faudra attendre le début du XIXème et le blocus de Brest par les Anglais pour que Napoléon 1er,, voulant approvisionner la ville en vivres et en armes, demande à l'ingénieur Guy Bouessel d'étudier puis réaliser le projet du canal.
Les travaux, qui durèrent plus d'un demi siècle, furent particulièrement difficiles. Les ouvriers, prisonniers de guerre, bagnards et déserteurs, sous-payés, se révoltèrent à plusieurs reprises. Un tronçon, « la grande tranchée de Glomel », longue de 3,2 km, large d'une centaine de mètres, avec une profondeur atteignant jusqu'à 23 mètres, fut

réalisée pendant près de 10 ans par 4000 bagnards, transportant la terre à dos d'homme et par charrette .
La navigation commerciale du canal dura jusqu'aux années 1970. Aujourd'hui la navigation de plaisance (très appréciée des Anglais) s'est substituée aux péniches qui transportaient ardoises, sable, bois, céréales, vins ...

◇◇

Etape 20 - 9 juillet
Redon / Josselin / Saint-Jean-Brévelay

Départ à 4 de Redon vers Josselin, mes frères, ma soeur et moi. Quelle émotion de les voir à mes côtés, heureux de m'accompagner malgré leur manque d'entrainement.

Ce sport - le vélo- est vraiment parfait car n'importe qui peut, sans expérience, faire partie de l'aventure. Pour le cycliste du XXIème siècle rouler le long des chemins de halage est un enchantement. Nous parcourons 70 kilomètres jusque Josselin. Alors certes, ils sont « au bout de leur vie » à la fin de la matinée, mais ils l'ont fait ! A Josselin, à défaut d'être reçus au château, nous prenons un bon déjeuner en face de la bâtisse ! Et puis nous nous disons au revoir, ou plutôt « kenavo » ! Puisqu'en principe nous devons nous retrouver dans trois jours.

Je repars seul, mais heureux. Notre famille n'est pas la plus communicante du monde ! On ne se dit pas tous les jours qu'on s'aime mais certains actes le prouvent !

En route pour Saint-Jean Brevelay, un peu inquiet par la perspective d'une soirée que j'ai eu dû mal à préparer. Je ne sais pas vraiment où je vais atterrir, ni chez qui. Je n'ai qu'un numéro de téléphone et deux prénoms.

Alors Etienne, si tu lis ces lignes, tu sauras que j'ai passé une des plus belles soirées de ma vie avec Thomas et toi. La soirée commence par un *live* que je réalise comme chaque soir. Il débute par une sorte de litanie. Je remercie tous ceux qui me suivent depuis le départ et je rappelle le pourquoi de mon projet. Vous vous souvenez du fameux WWH, il s'est enrichi bien évidemment depuis le début de mon aventure. Le combat pour la mucoviscidose reste une priorité et cette maladie est celle que je connais le mieux. Mais le projet concerne aussi toutes celles et tous ceux, parents et enfants, qui sont touchés par un handicap, une maladie, une différence. Ces différences qui nous rapprochent. Le *live* se poursuit en m'approchant de mon hôte avec qui nous allons pouvoir échanger toute la soirée à bâtons rompus : des histoires d'amour, de vie et de deuil, d'engagement et d'espérance, de courage et de résilience...

Une soirée extraordinaire avec deux hôtes merveilleux. Malgré une maman, une femme, partie trop vite, et deux enfants, des frères que la muco a emportés, Etienne et Thomas restent debout. Tous les deux toujours là, coeurs vaillants, profitant de chaque instant pour eux et pour les autres, goûtant malgré tout le sel de la vie.

TÉMOIGNAGES

Etienne papa

Je suis papa de 3 garçons (Mathieu, Julien et Thomas) dont 2 ont eu la muco. Mathieu et Julien nous ont quittés. J'ai été 25 ans Délégué Territorial pour Vaincre La Mucoviscidose. *Depuis 86 j'organise également des manifestations pour sensibiliser le grand public à la maladie et collecter des fonds.*

A partir du moment où des enfants ou petits enfants ont la muco, un sentiment de culpabilité peut naître. On se dit « j'ai transmis une maladie »... Quand on a un enfant on souhaite tous qu'il soit le plus beau, habile, intelligent et en bonne santé ! Les grands-parents aussi peuvent se sentir coupables, « j'ai transmis quelque chose de mauvais à mon petit-fils ma petite fille. » Il faut à tout prix combattre cette culpabilité, et se dire « nous n'y pouvons rien, c'est la vie et c'est comme ça. » Ce qu'on transmet doit être beau, c'est le principe de l'existence. Quand on s'est débarrassé de la culpabilité, on peut passer à l'action. Le soutien moral est essentiel. L'esprit de famille est super important. Mes frères et sœurs, parents, beaux-parents, beau-frère... nous ont beaucoup apporté ne serait-ce qu'en présence. Pouvoir parler est crucial. C'est souvent dans la difficulté qu'on est le plus soudé.

Mes enfants sont nés en 81 et 83. Ils ont été détectés tard, après la naissance, puisque le test de Guthrie date des années 2000. Il a été généralisé grâce aux bretons ! En 89 quand le gène de la muco est découvert, on s'est rendu compte en Bretagne ou il y avait beaucoup de cas, qu'il fallait se battre pour le dépistage néonatal. C'est le Professeur Claude Férec qui a été le moteur de ce combat. Il fallait trouver le financement. Par la suite on a pu montrer qu'avec un dépistage néonatal précoce on pouvait avoir une meilleure qualité de vie. On a pu démontrer à la Caisse nationale qu'il fallait faire ce dépistage dès la naissance. A la naissance de mes enfants, on ne parlait pas beaucoup de la muco. Peu de médicaments existaient à l'époque, peu de soins. Julien était plus atteint, et la greffe n'était pas possible dans les années 2000 = 1 an d'attente voire plus, c'était trop long et il est mort très jeune. Mathieu lui a passé sa scolarité normalement. Il a travaillé en informatique mais la maladie l'a rattrapé à 29 ans, il a été emporté en quelques mois à cause d'une infection. On n'avait pas trouvé d'antibiotique adapté à l'époque pour enrayer l'infection. C'est donc un bonheur inouï de voir les nouveaux traitements arriver. Grâce à l'action de VLM *depuis des décennies, grâce aux dons, les progrès de la recherche sont tels qu'on peut enfin espérer.*

Pour qu'une association soit forte, il est important qu'elle ait beaucoup d'adhérents. C'est le moteur principal avec les patients et les familles. On a tous un travail à faire pour convaincre d'adhérer à l'asso : plus on sera nombreux, plus on sera forts, c'est arithmétique ! Plus d'adhérents = plus de bénévoles = plus de voix pour faire passer les messages. C'est grâce à VLM *par exemple que les CRCM existent ! Soyons actifs, pour continuer à recruter ! Pourquoi adhérer nous demandent certains ? Justement pour continuer à être de plus en plus forts !*

Thomas frere

Mes frères chéris, j'ai eu la chance de les connaitre. J'en retiens qu'ils étaient des éternels porteurs d'espoir, toujours positifs, ne se plaignant jamais, vivant à fond l'instant présent ! C'est ce qu'ils nous ont appris. On continue de vivre pour eux en transmettant leurs voix, leur messages, leurs visages.

BNP PARIBAS
100%
SPORTIF

Chapitre XV
Dernière ligne droite

Etape 21 - 10 juillet
Saint-Jean-Brévelay / Morlaix

Entre la Bretagne sud et Morlaix, j'avais prévu initialement deux étapes. Elles devaient me permettre de rejoindre la famille, avant l'ultime tronçon Morlaix - Roscoff. Plus de 160 kilomètres que je décide finalement de réaliser en une seule étape pour faire la surprise à mes enfants. Une seule étape qui me fait traverser quasi toute la Bretagne, des douceurs du Sud à la rudesse du Nord, en passant par le Centre et le lac de Guerledan. Départ à 7h00, je rejoins d'abord Pontivy pour retrouver le canal de Nantes à Brest. De là direction Guerledan. Encore une fois, je découvre des paysages magnifiques. Je ressens toute « la force » de la Bretagne. Qui n'est pas breton peut avoir du mal à comprendre. Cela tient peut-être à des odeurs, des lumières particulières, certaines formes de nuages, le vent, l'humidité de l'air, ... En tout cas la Bretagne nous parle, me parle.

A Guerlédan je m'arrête. Je suis au coeur de ma région et à quelques heures de la fin de mon périple. Ce n'est pas encore terminé mais j'ai l'impression d'avoir « accompli » quelque chose ! J'arrive à l'Abbaye de Bon-Repos, un repos qui serait bienvenu car mon corps commence à donner des signes de fatigue ! Je continue quand même, poussant jusque Carhaix. Là le temps fraîchit d'un coup et se gâte même. J'aurais du m'arrêter depuis longtemps. Alors, cette fois je fais la pause bière sandwich qui s'impose.

Je repars pour Morlaix, c'est la dernière ligne droite. Je suis à la limite de mes capacités physiques et, comme dans une sorte de rite initiatique, c'est en les dépassant que, épuisé, je me sens comme libéré ! Il pleut, je traverse les bois du Huelgoat. A bout de force, je m'arrête pour une courte sieste salvatrice ! Au delà de l'effort physique, qui reste limité, c'est l'émotion de revoir mes proches et d'avoir réussi à boucler ces 1 500 kilomètres, qui a peut-être eu raison de moi ! L'énergie revient, je repars et j'arrive enfin à Morlaix, chez mes parents, sans avoir prévenu personne.

Quelle joie ! Mes enfants se jettent sur moi, ma femme aussi (ou presque) ! Personne ne se doutait que j'allais arriver avec un jour d'avance sur le planning, comme dans le *Tour du monde en 80 jours*. Les retrouvailles sont merveilleuses.

La journée du lendemain se passera en préparatifs de la dernière étape du voyage ; vérifier les pneus de la Mule pour assurer la dernière ligne droite, contacter France 3 pour caler les interwiews, vérifier avec Grain de Sail l'horaire du café !

Et commencer à atterrir un peu...

Découverte en chemin

L'Abbaye de Bon-Repos et le lac de Guerledan

Au milieu de la Bretagne, perdu et isolé, on se sent comme seul au monde.

C'est toute la « magie » bretonne qui semble se retrouver ici. Au milieu des ruines restaurées de l'abbaye, le mystique parle à chacun. Le lac de Guerlédan lui aussi invite à la méditation, à la rêverie.

Je roule déjà depuis 7h du matin quand j'y arrive vers midi. Ca monte, ça descend. Le ciel est un vrai ciel breton qui alterne nuages et rayons de soleil. Les lumières sont fascinantes et les couleurs magiques. On pense apercevoir *l'Ankou* au détour d'un bosquet, et finalement c'est *Bon-Repos* qui se découvre, majestueux dans son havre de paix.

Le lac de Guerledan semble surgir de nulle part. Ce lac artificiel, situé entre Mur-de-Bretagne et l'Abbaye de Bon-Repos, s'étend sur une longueur de 12 kilomètres et couvre une superficie de 45 hectares. Sa formation vient de la construction du barrage de Guerlédan, mis en service en 1930. Le lac est entouré d'une magnifique variété de paysages : landes et ajoncs, sites ardoisiers (leur exploitation durera jusqu'au XIXéme siècle) à demi cachés au cœur du bois de Caurel, ou encore, sur la rive sud, la forêt de Quénécan, 3000 hectares de résineux et feuillus. Il est possible de faire le tour du lac à vélo ou à pied, 40 kilomètres ! Et bien sûr de pratiquer toutes sortes d'activités nautiques, nage, canoë, pédalo ou ski nautique.

L'Abbaye cistercienne Sainte-Marie de Bon-Repos, située à l'ouest du lac, s'élève dans la forêt de Quénécan, au bord de la rivière du Blavet. Fondée au XIIème siècle et remaniée et agrandie au XVIIIème, l'Abbaye alterna périodes de prospérité et de déclin. La Révolution mit fin à sa vocation religieuse, elle devint une carrière de pierres – pendant 30 ans son granit est vendu par charretée- puis tomba lentement en ruines jusqu'en 1986 quand une association, *Les Compagnons de l'abbaye de Bon-Repos* entreprit un important et long travail de restauration. Le cloître et les bâtiments du XVIIIème siècle furent rénovés et peuvent être visités. L'association y organise des visites, des expositions temporaires, des animations pédagogiques et des spectacles qui font vivre le lieu toute l'année.

Etape 22 - 11 juillet
Morlaix / Roscoff

Pour la vivre en direct, appuyer sur la touche « reward » et revenez à la page 5. Pour le reste, c'est l'heure du bilan.

Ce bilan je l'ai donc esquissé le 11 juillet après-midi « seul face a la mer » !

Les semaines et les mois suivants, mes propres réflexions mais plus encore les remontées de mes proches de mes contacts m'ont permis de le compléter, de l'étoffer. J'avais entrepris ce périple CARRY ROSCOFF COMBAT MUCO avec toutes sortes de questions (cf WWH). Parvenu à son terme je crois avoir trouvé quelques réponses assorties de questions nouvelles.

Plus qu'à moi-même c'est aux autres que je dois ces réflexions. A celles et ceux malades parents patients soignants, que j'ai rencontrés volontairement ou au hasard du chemin. Voici ce que ces personnes m'ont dit, conseillé, appris, (de vive voix ou simplement par leur façon d'être).

Ne pas avoir peur ou au moins avoir moins peur !

Face à la maladie muco ou autre, c'est d'abord la peur qui vous saute à la gorge. Mais à plusieurs cette peur ne peut-on la canaliser, l'apprivoiser ? Ne peut-on transformer une vie contre la maladie, en une vie avec elle ou malgré elle ? La maladie ce n'est pas en l'ignorant mais probablement en la côtoyant qu'on peut éventuellement la contenir voire la guérir.

Parler et se parler

La communication est souvent le maillon faible dans l'univers muco. Pourtant pour soigner les maux injustes il faut trouver les mots justes. Pour les malades les plus jeunes comme Samuel il est précieux de pouvoir dire ses douleurs ses souffrances, les faire entendre aux autres, aux adultes, les préciser pour qu'ils puissent ajuster leurs attitudes, affiner leur diagnostic, leur traitement

Pour les plus âgés, comme Lola, savoir raconter les contraintes de sa vie quotidienne a une équipe médicale, c'est définir ensemble les conditions les meilleures pour pouvoir en fonction de son emploi du temps, lui permettent de retrouver une vie plus normale… même si ce n'est probablement pas une vie rêvée.

Se connaitre

Mieux connaitre son corps, sa psychologie, son esprit. Le « connais-toi toi-même » n'est pas seulement un impératif philosophique mais un principe très simple. Comme Paul, connaitre son corps, ses limites, c'est mieux le protéger, le ménager et être même capable de repousser ses limites si on le souhaite. Se connaitre et mieux connaitre les autres c'est aussi accepter d'être différent, aimer même ses différences, source de richesses.

Vivre au présent

A cause de la maladie, l'avenir a souvent les couleurs de la menace ou au moins de l'incertitude. Et comme le reproche un vieux sage Jedi à son disciple : « Tu auras toujours regardé l'horizon alors ton esprit n'était jamais là où tu étais toi-même ». Ne vaut-il pas mieux faire ce que l'on a à faire au moment présent ? Franchir les étapes douloureuses quand elles se présentent pour pouvoir ensuite savourer pleinement les moments heureux. Comme disait mon arrière grand-mère « Sache que les bonnes choses ont une fin, et les mauvaises aussi ! A chaque jour suffit sa peine »... et sa JOIE !

Epilogue

Six mois de préparation, 20 jours à vélo, 1 500 kilomètres, 200 accompagnants cyclistes, 15 familles rencontrées et 5 CRCM visités. Des heures seul, des heures accompagné, des heures et des mois à parler muco. Le jeu en valait la chandelle ! Prendre du temps pour les autres, c'est pour soi ouvrir un monde infini de possibilités.

S'il fallait un mot pour résumer cette aventure, ce serait un mot de cinq lettres : MERCI.

Merci à Sarah, généralissime du quotidien, qui pare à tous les dangers et transforme les problèmes en solutions : l'organisation de la maison, les rendez-vous à l'hôpital, les papiers, les médicaments… Avec en prime l'Amour qu'elle prodigue tout à fait équitablement entre ses 4 enfants (sans compter son bonhomme de mari).

Merci à mes 4 zazas, qui sont les moteurs de ma vie. Ils lui donnent son sens au quotidien.

Merci à nos familles qui nous suivent depuis toujours, nous aident et nous aiment.

Merci à nos amis qui chacun à leur manière sont des soutiens précieux.

Merci à Agnès et Jessica. Plus que des kinés, vous êtes devenus des amies, tout en délicatesse, en discrétion et en efficacité !

Merci à ceux qui nous ont aidés pour ce projet solidaire. Les CRCM et l'association VAINCRE LA MUCOVISCIDOSE, bien évidemment ! Les partenaires et « sponsors », les cyclistes qui ont roulé avec nous.

Plus qu'un merci, une reconnaissance éternelle pour toutes les familles qui m'ont accueilli, hébergé, nourri, abreuvé ! Leurs noms restent inscrits sur mon casque et dans mon cœur pour toujours.

Merci à celles et ceux qui m'ont aidé à réaliser ce livre, Didier, Jean-Claude, Hubert, Sarah et Gaëlle… Merci à mes lecteurs et lectrices présents passés et à venir.

Merci également à ma « Mule » - j'aurais mauvaise grâce à l'oublier - fidèle compagne… Même si elle m'en a fait voir de « toutes les couleurs » (notamment sur mon arrière train).

MERCI ENFIN A LA VIE, « GRACIAS A LA VIDA », comme le chante Angele Para.

Alors même si nous sommes tous émus, ne versons pas trop de larmes, mais donnons-nous plutôt rendez-vous pour une prochaine aventure, pour un nouveau combat, pour ….

VAINCRE LA MUCOVISCIDOSE !

VLM

TABLE DES MATIÈRES

NOTES PERSONNELLES

Dépôt légal : Octobre 2022

N° d'éditeur : 6202

Achevé d'imprimer chez SoBook le 07-10-2022

Linselles - France

N° impression : 797 719